凤凰卫视
凤凰书品

民国人物在台湾

张林 丁雯静——著

中国出版集团 现代出版社

图书在版编目(CIP)数据

民国人物在台湾 / 张林，丁雯静著. —北京：现代出版社，2017.8

ISBN 978-7-5143-6265-7

Ⅰ. ①民…　Ⅱ. ①张…②丁…　Ⅲ. ①历史人物－生平事迹－台湾－现代　Ⅳ. ①K820.858

中国版本图书馆CIP数据核字（2017）第147031号

民国人物在台湾

作　　者	张　林　丁雯静
责任编辑	张　霆　邸中兴
出版发行	现代出版社
通信地址	北京市安定门外安华里504号
邮政编码	100011
电　　话	010-64267325　64245264（传真）
网　　址	www.1980xd.com
电子邮箱	xiandai@cnpitc.com.cn
印　　刷	三河市国新印装有限公司
开　　本	710mm × 1000mm　1/16
印　　张	20.25
版　　次	2017年8月第1版　2017年8月第1次印刷
书　　号	ISBN 978-7-5143-6265-7
定　　价	48.00元

目录

一生醉心权术的阎锡山晚年生活单调，听听京剧是他唯一的娱乐，但是他只是听，从来没有真正看过。他也没有看过电影，因为“时间不会那么样浪费”，下属们看了电影也不敢告诉他。一生跟随阎锡山的原馥庭对他的评价也许非常恰当：“心里没有风景。”因为心里没有风景，所以他看山不是山，看水不是水。

抗战时期，武汉的外国记者曾给陈诚起外号为“大元帅的袖珍本”，因为陈诚始终以蒋介石为神，对其竭尽服从。一方面是因为知遇之恩，另一方面也许是对蒋的真诚尊重。因此无分公私场合，陈诚对蒋介石推崇备至，毫无假意。甚至在生活细节上，陈诚也在实践“大元帅的袖珍本”：同样少言寡语，情感低调，同样不喝酒，不抽烟，不吃大荤，生活自律甚严。

白先敬自幼就喜欢打架，事后被父亲白崇禧问讯起来，第一句话总是：“你是欺负别人还是人家欺负你？”如若是自己儿子欺负了别人，当即就要挨上一顿打，还要被拎着耳朵到人家家里去道歉；反之，若是儿子被人家欺负，白崇禧立马追问幺儿：“回手了没有？”如若没有回手，那接下来的一顿揍甚至要比欺负别人时挨得还要惨。

受降典礼上，日本的中国战区参谋长小林浅三郎因递交降书的手离身体较近，何应钦不得不屈身向前。这张官方照片里，中方看起来比日方来得恭敬，引起轩然大波。史学家叶泉宏说，那张受降桌太大了，何应钦长得比较矮，所以他只好将身体往前倾，才能拿到那张降书，所以无形当中就会出现一个所谓的何将军向敌人弯腰的镜头。

在大陆的时候，胡宗南可不会管家里那些鸡毛蒜皮的琐事。那时他快 50 岁了还没有结婚，说是“匈奴未灭，无以家为”，抗战胜利再说。胡宗南有着自己执拗的情感坚持，他曾说过，但凡还有一个日本人在中国人的土地上，他就不结婚。抗战胜利，内战又起，胡长官还是没有顾上结婚。

汪被捕后曾作“口占”明志：“慷慨赴燕市，从容做楚囚；引刀成一快，不负少年头。”被传颂一时。1939年汪精卫叛国逃到河内，吴稚晖奉送两句名骂：“卿本佳人，奈何做贼。”汪精卫见后，气得三天吃不下饭。

国民党创党大佬跟随蒋介石到台湾的，于右任是非常具有代表性的一位。在台湾，他被称为“永远的监察院长”。蓄着大胡子，一身长袍装束的于右任是他留给人们最清晰的印象。在同乡子弟李鸿超的记忆中，年轻时的于右任便已然缀着一把又黑又长的大胡子了，“于胡子”这个外号很快被人叫了起来。

孙科 孙中山之后 //233

即使与蓝妮热恋的时候，孙科也从来没有表现过与原配陈淑英离婚的意图，而强硬的陈淑英无论如何不肯让蓝妮进门，因此在夫人暂时离开南京前往上海的时候，孙科才会与蓝妮幽会；而一旦陈淑英有电话回来，孙科还会立刻回家听电话。也许对于彼时已经担任立法院长的孙科来说，不管是仕途还是情感生活，他从来没有真正舒展过。

陈立夫 世纪人生 //259

丧礼之后，陈立夫兑现承诺，搭乘轮船离开台湾。陈立夫说，我等经日本返美，因为有人怕我被‘总统’留台任职，颇有疑忌，故以早离为宜。事实上，陈立夫在台湾曾经与蒋介石面谈，看到蒋对其态度暧昧，陈立夫早已明白几分。虽然台湾一家报纸发表社论，要陈立夫“不要介于十几年前早已烟消云散的往事”，“再次报效国家”，陈立夫还是选择了离开。

也许对于蒋介石和其他高层来说，严家淦和台湾本地良好的人际关系也值得考虑，当然，更为重要的是，这个并无太多权力欲望的人，才是最安全的棋子。蒋介石甚至曾高调表示，“我的短处是严家淦的长处”，对于很少褒扬下属的蒋介石来说，即使话外有音，这也已经足够特别。

阎锡山

半生为王

1960 年 5 月 20 日，蒋介石在台北庆祝他就职十二周年。觥筹交错的庆典上，宾客云集，却少了民国大员、卸任“行政院长”的阎锡山。

此刻，77 岁的阎锡山因为重感冒和气喘，正躺在阳明山的木床上苦苦支撑。

深夜时分，阎锡山自感难受异常，仍不让侍卫叫医生，说是深夜不要打扰别人。但侍卫看到情况不好，还是紧急叫了医生。救护车来时，已是第二天中午，阎锡山被紧急送往医院。因为双腿已经无力行走，侍卫张日明用他平时晒太阳的藤椅把他送上了车。虽然医生乐观地表示可以安全到达医院，阎锡山还是在途中陷入了昏迷。当天晚上，阎锡山在台大医院去世。

阎锡山，生于 1883 年，山西五台人，29 岁时即成为山西省都督，无论在袁世凯时期，还是国民政府时期，阎锡山都是不可动摇的山西王。他给山西留下了一个顺口溜：“山西有座大山，这座山就是阎锡山。”然而当年山西这座山，如今只剩下阳明山上的孤坟一座。

台湾当局为阎锡山举行了隆重的葬礼，在 5 月 29 日入殓之时，蒋介石亲自前往致祭，并送了一块上书“怆怀耆勋”的匾额，然而事实上，蒋阎之间终生并不亲密，猜忌与疏离，方是二人数十年功利交往的主题。

阎锡山死前，曾嘱咐其家属七点：一、一切宜简，不宜奢；二、收挽联，不收挽幛；三、灵前供无花之木；四、早日出殡，不要久停；五、不要放声大哭；六、墓碑刻他的日记第 100 段和第 128 段；七、七日之内，每天早晚各读他选作的《补心录》一遍。其日记第 100 段和第 128

蒋介石亲自致祭阎锡山

段，分别写着：“义好为质，礼以行之，逊以出之，信以成之，为做事之顺道，多少好事，因礼不周，言不逊，信不孚，致生障碍者，比比皆是。”“突如其来之事，必有隐情，惟隐情审真不易，审不真必吃其亏。但此等隐情，还会是道理，一定是利害，应根据对方的利害，就现求隐，即可判之。”

遵照阎锡山的遗嘱，其亲属在灵前、楹柱以及院门内外上贴了数副他自己生前就写好的自挽联。一副是，“避避避，断断断，化化化，是三步功夫；勉勉勉，续续续，通通通，为一等事功。”还有一副则是：“摆脱开，摆脱开，粘染上洗干净很不易；持得住，持得住，掉下去爬上来甚为难。”贴在院中的为：“有大需要时来，始能成大事业；无大把握而去，终难得大机缘。”横幕为：“公道爱人。”贴在院门上的为：“对在两间，才称善；中到无处，始叫佳。”横幕为：“循中蹈对。”

几乎所有人都对这两副挽联感到惊诧莫名，有人说，阎锡山一生喜弄玄虚，临终前还留此千古一谜。不管是因为现实困境还是真正的人生顿悟，晚年的阎锡山已经远离了当年那个叱咤一方的山西枭雄，少了诸多锋芒，多了一些无可奈何的镇定和凄凉。

少年得意

阎锡山出生于一个以经商为主的小地主家庭。9 岁入私塾，读四书五经，这些传统教育给阎锡山的一生都留下了印记。14 岁辍学后，阎锡山跟随父亲阎书堂到五台县城内自家开设的吉庆长钱铺学经商，按现在的话说，就是一种很小的银行，参与放债收息及金融投机。父子两人的商业活动虽然遭遇惨败，却为阎锡山后来的从政之路积累了原始经验。据说，这个黄口小儿经常向父亲提出经营的建议，让父亲另眼相看。

18 岁时，他被村里人推举为“纠首”（相当于村长），以应对义和团运动。因为没有经费，他私下取用继母陈太夫人的首饰出售，继母并没有因此责怪他。于是乡间传出“母义子勇”的赞誉。

19 岁那年，阎锡山突然对父亲说：“凡人从士农工商贾，毕生思虑所及，辛苦所得，多不出家室之谋、钟釜之计。况商复难有成，而易致败，父亲知能虽同，而事多困厄，儿不如父，曷能有望。窃意欲有为于时，有益于世，若不继续读书，多求知识，无以自了，遑论其他。”

1902 年，在太原当店员的阎锡山，考入了山西武备学堂。在求学过程中，成绩优异，特别是作文为全班 120 人之冠。1904 年，清廷命令山西巡抚选送公费生 20 人到日本学习军事，这些人分为中央派遣和省派遣两种，阎锡山因为两门功课均为全班第一，成为唯一一名中央保送到日本留学的人。他先入东京振武学校，毕业后入日本陆军士官学校第六期。从当时的照片上看，日本士官学校的第一批中国留学生共有 59 人。

阎锡山出国前，山西巡抚谆谆告诫说，朝廷出钱保送你们读书，应

作为日本军校的毕业生，阎督军的军服与日军军服极像。这也使他日后与日军暗中交往，险背汉奸骂名

当专心学习，以图报效，万不可接近革命党人，听信邪说，误入歧途。

朝廷万万想不到的是，他们出钱培养的，正是他们的掘墓人。

当时同在日本的李宗仁回忆对阎锡山的初次印象时说，貌不惊人，显得无才无德，学习不过中庸。李宗仁显然低估了这位 19 岁的同学。

当时，孙中山在日本倡导革命，阎锡山经常前往聆听，大为赞同。1905 年 7 月，阎锡山加入同盟会，并加入了核心组织“铁血丈夫团”。[①]

1907 年，尚在军校学习的阎锡山遵孙中山之令，和朋友赵戴文由东京携炸弹回山西布置革命工作。到上海时，得知海关检查极严，阎锡山就将赵戴文所携炸弹集于己身，并对赵戴文说：“如被检查出来，我一人担之，你不可承认是与我同行之友。检查时，我站前列，你站后列。”赵戴文不解，问：“我站前列，你站后列如何？”阎锡山答：“站后列有畏惧检查之嫌，易被注视，仍以我站前列为宜。”果然，海关检查人员检查前面的人松懈，检查后列较为严格。阎锡山事后说：“事到危难宜放胆，不

---

① 铁血丈夫团，由黄郛、李烈钧等发起，入会者必须是同盟会会员，并在日本学习军事者。包括黄郛、李烈钧、程潜、张群、蒋作宾、唐继尧、蔡锷等成员，之后成为辛亥革命时领导革命军的主力。

可畏缩，畏缩易使人怀疑。”

同盟会在东京时，将中国革命任务分为江南和江北两部分。理由是江南距离北京遥远，北京援军不易到达，同时南方多出海口，容易得到武器和外国援助。孙中山给阎锡山的任务是“江南的革命军进攻到河南时，山西出兵石家庄，接应革命军北上”。

这是阎锡山被正式推上政治舞台的序曲。

1909年，26岁的阎锡山毕业回国，当年11月奉召赴京参加陆军部举办的留日归国士官生会试，考列上等，被赏给陆军步兵科举人并授予协军校（相当于少尉）的军衔，几个月之后即升任山西新军第四十三协第八十六标教练官与标统（相当于上校团长）。在此前后，阎锡山已经通过秘密活动，基本上把山西新军的领导权掌握在同盟会员和革命同情者的手中。

阎锡山与孙中山合照

1911年10月10日，革命军于武昌起义，阎锡山等不及革命打到河南，就在太原举行了起义。原因有二，一是山西巡抚陆钟琦的儿子陆亮臣作为阎锡山的日本军校同学，专程到山西劝阻他不要起义，如果起义也要由山西巡抚陆钟琦做领导。阎以决不响应革命搪塞，但内部加紧准备。二是陆钟琦将山西库存的5000支德国造步枪借给河南3000支，同时调兵防备太原起事。

事不宜迟。10月29日，阎锡山亲率山西起义军攻入城内，冲进巡抚衙门。只见陆巡抚和其子陆亮臣衣冠整齐，立于大堂楼前。陆亮臣说："你们不要动枪，我们好商量。"陆钟琦说："不要，你们照我打吧"顿时，陆巡抚与公子均死于乱枪之中。

多年之后，阎锡山说他本来是准备扣留陆巡抚和其公子，不加伤害的，但因为陆巡抚的侍卫开枪，他们才还击。事实上，起义军在此之前已经枪杀了协统（旅长）谭振德，开枪在前。

起义成功，山西成立军政府，山西各界公推阎锡山为都督。这一天，恰巧是阎锡山的生日，后被称为太原光复纪念日。这是阎锡山"山西王"的起点，大概也是阎锡山一生中最光彩照人的一页。

那一年，阎锡山29岁。

1912年9月，孙中山视察太原时说："去岁武昌起义，不半载竟告成功，此实山西之力，阎君百川之功……使非山西起义，断绝南北交通，天下事未可知也，不惟山西人当感戴阎君，即十八行省亦当致谢。"既当上都督又获得如此评价，阎锡山是国内唯一一人。

从此，山西在阎锡山的掌握中度过了38年。

阎锡山任山西省督军时的照片

加入同盟会，对阎锡山而言，

孙中山于 1912 年 9 月 19 日与山西军政人员摄于太原督军府，阎锡山（前排右五）坐在孙中山身旁

一方面是对革命的真诚向往，另一方面也是折服于孙中山的个人魅力。1911 年春节，阎锡山当上都督后第一次回家过年，虽然属下制订的计划里包括庞大的随从队伍、礼品物件、崭新的军服、笔挺的洋服、30 多辆大小车马，等等，阎锡山最后圈定的却是一辆美式吉普、两名没有家的士官和一名司机，其他均为自备。到了村头的时候，阎锡山下车，换上外祖母亲手缝制的衣服，步行回家。

阎锡山对此的解释是："孙先生常说，民为本，我为仆。我岂能以严威慑于父老乡亲；苟能蔽令伯之忠孝，子厚之谦恭，有德于百姓，则伯川可少过矣！""下车换服步行进村"这一习惯，阎锡山一直坚持到离开大陆。

与蒋介石的恩怨情仇

阎锡山是个非常讲原则的人，这个“原则”不是别的，而是他的利益。为了掌控山西，他甚至对他捧为世界圣人的孙中山也能不管不顾。

袁世凯掌权后，加紧实行中央集权，为了遏制阎锡山，他派了一个旗人去山西成立了警备队，与之抗衡。阎锡山为了不让袁世凯起疑，忍气吞声裁减了自己的军队。

1913 年，孙中山领导二次革命，发起了讨袁战争。为自保，阎锡山按兵不动，仅呼吁双方和平解决。1915 年，袁氏称帝，阎锡山列名北洋系将军联合拥袁称帝的密电中，被袁世凯封为一等侯。当年 12 月，蔡锷于云南起兵反袁，阎锡山明确表示反对。一直到袁世凯病逝，阎锡山对他从未逾越。

段祺瑞掌权后，与孙中山成立的广州护法军政府发生战争，阎锡山竟然派军到湖南支持让他当了山西省省长的段祺瑞。

这样一个人，与蒋介石的关系自然不会好到哪儿去。他们之间，因为没有涉及任何私人情感显得格外冰冷，政治局势的变化，是二人关系是礼是兵的唯一原因。

1926 年 7 月 9 日，蒋介石就职国民革命军总司令并誓师北伐。阎锡山加入直奉联军与国民军作战，一度还当了安国军副总司令。看到北伐军势力大涨，阎锡山派人谒见蒋介石，表示愿意加入国民革命军。蒋介石任命阎锡山为国民革命军北路总司令。第二年 6 月，北伐军占领郑州，阎锡山通电拥护三民主义，改悬青天白日旗，被任命为国民革命军北方总司令，后改称第三集团军司令，统兵 20 万人。

阎锡山协助蒋介石取得北伐胜利后，成为坐镇华北的重要人物。

北伐完成，蒋介石以全国兵额太多，素质不齐为由，欲减裁军队。此事引起阎锡山的疑惧，为了防止坐以待毙，阎锡山联同冯玉祥、李宗仁另组国民政府，引发中原大战。由于张学良的支持，阎锡山大败，通电声明“释权归田”，避居大连。而蒋介石则在全国通缉阎锡山。

北伐完成后，蒋介石、阎锡山（右前）、冯玉祥、李宗仁等于北京西山碧云寺合祭孙中山先生

中原大战爆发时，美国《时代周刊》将阎锡山作为封面人物报道。时代周刊说：“他是一位真正的和平军阀，这是他多年来的第一次战争，因此，上周公众的兴趣与同情，都集中在这位伟大的、长满胸毛的、操着浑厚嗓音的阎元帅身上。作为山西省的‘模范督军’，阎实际上耸立在一个独立王国之中。目前，尽管晋西南地区还存在粮食短缺，但阎为1100万人带来了繁荣，在中国他们最为富裕，因而，这使他显得出类拔萃。他的嗜好不是女人、酒、鸦片，甚至也不是金钱，而是优质的道路、纺织、防御部队、维持秩序的警察，发展优良的牛、马、耕具、家禽、肥料——所有能为他的乡亲带来好处的事物。”

九一八事变之后，蒋介石在全国团结抗日的呼声下，不得不与各种反对势力言归于好。1931年12月，在国民党第四次全国代表大会上，阎锡山的中央执行委员身份被恢复，再掌晋绥军政大权。这段时间的蒋介石与阎锡山每每通信，均称阎为“伯川大哥”，而阎锡山则是一律的“委座钧鉴”，其间亲疏立现。

1943年秋天，蒋介石曾到西安，电邀阎锡山去陕会面，但阎锡山托词拒绝，并回信称："委座钧鉴：闻钧座北来，山本拟力疾前来面陈种切，无奈入秋以来，疾甚重，未克如愿。今特派赵总司令印甫、王总司令治安代山前往晋谒，面陈此间情况，请予指示为祷。敬请钧安。阎锡山。"其傲慢睥睨，可见一斑。

虽然身为国民党中央委员，阎锡山对于蒋介石在山西发展力量始终心存疑虑。事实上，权力顶峰时期的阎锡山对任何人都丧失了信任。其秘书曾撰文说："阎当时不让干部靠近国民党、三青团，又害怕干部是共产党，防范极严。"

20世纪30年代，阎锡山开始建立自己的政治组织，到抗日战争开始时大都结束。1938年2月，他重新成立了民族革命同志会，用以团结干部和保证自己政令的推行。1939年"十二月事变"以后，他强化组织领导：把组织放在"组政军教经"各个部门之上；在所有基层单位都建立同志会的分会；要求军政干部和中学以上学生都必须参加同志会；各地都建立组政军教经统一领导委员会（统委会），由同志会的干部委员会担任主任；而他自己则以同志会会长的名义进行领导，开大会必呼"会长万岁""忠贞会长"等口号，以树立组织（政党）和领袖的绝对权威；同时规定严酷的纪律（最高处分为自裁），来约束和统一部下的行动。此外，还建立了"铁军""文人组织""青帮"和"洪帮"等外围组织。

1945年10月，日本投降后不久，阎锡山曾回太原过62岁生日，他自己特选了数篇长文，打算编入《革命动力》一书，分赠各组政军教经人员，其在一篇中写道："我的政治主张是为民爱民主张公道的"，然而却被秘书误写为"共产党的政治主张是为民爱民主张公道的"。阎锡山发现后当然震怒，他先是表示将秘书"秘密处死"，随后因为负责执行的人难以下手，阎锡山又写了一个字条，上书"熬刑"，意为以刑迫死。

残酷而冷血，暴戾而乖张，是阎锡山留给世人最为深刻的印象，

晚年与蒋介石的合影

1942 年与 1943 年间，阎锡山成立了“活炸弹队”，凡不利于他的人，就派“活炸弹队”成员跟踪将其打死。而被国人熟知的刘胡兰，也正是死于阎锡山部队之手。但与此并行不悖的却是，他曾在山西颁布《人民须知》和《家庭须知》，其核心是儒家思想。阎锡山甚至整理村政，对贩卖和吸食毒品、窝娼、聚赌、偷盗、斗殴、游手好闲、忤逆不孝等坏人进行感化教育和处罚——童年所受的传统儒学教育与以独裁者身份雄霸山西数十年的身份重叠交织，阎锡山渐渐成为一个难以言说的复杂存在。

抛开接受传统教育的影响来说，阎锡山主政山西近 40 年时间采用的一直是其根据自身经验结合所受教育得来的实用政治理念。他反对马克思主义，但借用了马克思主义中他可以接受的理论，创立了物产证券与按劳分配的学说，简称物劳主张。他反对金代值，即反对以金银为本位的货币制度，主张发行物产证券，收多少货发多少物产证券；反对资私有，反对资产生息，主张资由公给，实行按劳分配。他用这些带有社会主义色彩的主张来团结干部和群众。

同时，他大兴工业强化经济。太原兵工厂是其立足山西38年不倒的有力保障。同蒲铁路、西北实业公司以及整顿山西省银行，则确保当时社会安定，经济繁荣，物价稳定。阎锡山还开设各类学校，除去普通类还包括培养军官和行政干部的军校和训练机关，这些机构培养出来的人才，在20世纪20年代中后期以至40年代，都成了阎锡山军政干部的骨干。

这就可以理解其在山西实行的村治思想，同样也可以解释自民国时期至抗战结束后，他对日本人的不同态度。

“在三只鸡蛋上跳舞”

粗粗看去，阎锡山似乎是肉墩墩的一个土财主，脑子里除了油水，没什么别的东西。但不要忘了，这可是放债人的儿子，按现在的说法，那叫高级金融人才，头脑是极精明的。他在自己的坟前塑一个大大的“中”字，除了表明他的人生哲学，恐怕还有几分夸耀与自得。

在他看来，生存是第一位的。没有了生命和权势，他就没有了一切。“只要能存在，以后怎么转变都可以。”

生存是需要智慧的。要生存，就要妥协，就得让步，就得搞平衡。

阎锡山这一生，拥蒋也反蒋，联共也反共，抗日也通日，自称是“在三只鸡蛋上跳舞”。抗战期间，他曾在一次会议上对他的干部们说：“现在一等聪明的人在共产党；二等聪明的人投了日本人；在座的诸位是三等聪明的人。”

鸡蛋是圆的，本身是站不住的，他却能在三只鸡蛋上跳舞，既要舞步翩翩，又不能踩烂了鸡蛋，这得多大的能耐呀。想来阎锡山自己并不把自己看作三等聪明的人。

远的不说，就说抗日战争时他与日本人玩的把戏，就足够令人眼花缭乱的了。他是真情假意，还是权宜之计；是骗取日本人信任，还是真想投敌，谁也说不清。他玩弄的手法，围绕的是一个中心：“存在就是真理。”

阎锡山与日本人的关系，是剪不断，理还乱。中原大战战败，这位日本军校的毕业生逃到大连，是日本人为他提供了庇护，也就在大连，他知道了中日之战无法避免。

1935 年后，日军开始侵犯阎锡山的势力范围绥远，并在山西屡造事端，对阎构成极大威胁。因此，时任第二战区司令长官的阎锡山提出“守土抗战、自强救国”，由联日反共转向联共抗日，并默认了共产党人和其他抗日人士组成的“牺牲救国同盟会”。他与傅作义部队联手抗击日伪军对绥远的进攻，挫败了日寇建立“蒙古帝国”的图谋。

西安事变后，中共军队受编为第八路军（旋改为第十八集团军），奉命归阎锡山节制。八路军在 1937 年 8 月进入山西，与阎锡山部队协同，取得了平型关大捷，歼灭日军千余人。但在此后，阎锡山发现八路军并不听他指挥，而是听延安的，他们深入太行山，建立根据地，对阎的统治构成了威胁。于是阎锡山玩了一个把戏，以改编新军为名，清除共产党，结果遭到共产党的坚决反击。这次冲突，新军的 33 个团脱离了阎锡山的掌控，成为共产党的部队。

此时，日军与阎锡山的军队一直处于交战状态。

对于信奉围棋文化的日本人来说，与中国作战，不战而屈人之兵是上上策；一子定乾坤，毕其功于一役，是上策；分化瓦解，招降纳叛，软硬兼施是中策；全面开战，瓶瓶罐罐都打烂，是下策。上上策是梦想，梦想只能在梦里实现。上策被事实证明也不行。中策似乎还有些效果，

抗战期间，阎锡山与朱德合影

溥仪当了儿皇帝，汪精卫集团叛国成立了伪政权，在华北五省搞了“自治运动”，使日军兵锋可直指不愿投降的蒋介石。

在此背景下，日本天皇亲自批准了对阎锡山的招抚工作。

阎锡山抗日，既有民族大义，更有保护自己地盘的意思。但放进来八路军，又让他后悔莫及。

太原会战，他联合八路军与日军厮杀，结果不到两个月，损兵十余万。日军进攻太原时，只用了五天就破了城，把阎锡山逼退到了晋西山岳地带。在那里，他又与八路军为敌，结果偷鸡不成蚀把米，昔日让他成为抗战名将的牺盟会、决死队、战动总会站到了八路军一边，他的嫡系部队六十一军、十九军、独八旅、骑一军等部，一蹶不振。第六集团军总司令陈长捷、孟宪吉投靠了蒋介石，还有几个将领被俘后投敌。此时他名为第二战区司令长官，手中仅剩几万兵马，时时让他不寒而栗。

因此，与日军停战，也是他巴不得的事儿。

因此，双方一拍即合。

阎锡山字百川，号龙池。日军招降阎锡山的行动最早由阎宜亭牵线，他称阎锡山为“伯”，日军遂决定以“伯”字为代号展开行动。

“对伯行动”最早在1939年开始，是由日军第一军司令官筱冢和参谋长田中隆吉策划的。筱冢谢任后，继任者岩松义雄中将和参谋长楠山秀吉少将继续此项工作。

1940年11月，阎锡山委派第七集团军总司令赵承绶与日军密谈。据赵承绶回忆，临行前阎锡山交代说：“目前咱们的处境很不好。蒋介石借抗战之名消灭咱们，不发给咱们足够的经费，也不给补充人员和武器，处处歧视咱们，事事和咱们为难。共产党对咱们更不好，到处打击咱们，八路军在山西各地有严密的组织，把老百姓都拉过去了。如果日本人再打咱们，那就只有被消灭。咱们如果想在中国求存在，非另找出路不可。存在就是真理。只要能存在住，以后怎么转变都可以。权衡情况目前只有暂借日本人的力量，才能发展咱们自己，这是一个不得已的办法，也是咱们唯一的出路……你这次去，主要是商量四点，也就是四句话，即‘亚洲同盟，共同防共，外交一致，内政自理’。前三句对日本人无害，他们也希望这样做，会同意。第四句可能有争执，一定要争取做到。如果内政不能自理，老百姓就不会相信咱们，不跟着咱们走，咱就不会有力量，那就谈不上和他们（日军）合作了。这四句话，前三句是咱们迁就他们，后一句要求他们迁就咱一点。如果要求咱像汪精卫那样，我是绝对不干的。”

对这位土老财来说，气节与尊严这类事，必须考虑，但肯定要放在利益之后。

从 1940 年到 1945 年，阎锡山方面与日军会谈大约有六次，阎锡山亲自到会的有三次，双方签订了一些见不得人的密约。

第一次会谈是 1940 年 11 月在山西孝义县白壁关村。日军来了一个少将楠山秀吉和一个伪省长苏体仁，阎方全权代表为第七集团军总司令赵承绶中将，日方提议取消敌对状态，互相提携，共同“反共”。赵承绶原则上同意，但提出要地盘要枪。双方同意请示上级后再谈。

第二次是 1941 年 8 月 8 日至 11 日，阎、日代表在山西省汾阳县城内会谈。日方代表日本华北方面军参谋长田边盛武中将和楠山秀吉等人，阎方代表仍为第七集团军总司令赵承绶，田边盛武是南京大屠杀的主要实施者之一，战后被处死。他亲自出面，表示了日方的诚意。于是，双方签署了《日本军与晋绥军基本协定》。

如果按这个协定的规定，阎锡山必然是不折不扣的大汉奸。

协定的开篇就说：“本共存共荣建设新东亚之目的，晋绥军与日本军成立停战协定，与南京政府（汪精卫伪国民政府）合作。”“阎锡山先任南京政府副主席及军事委员长。将来适当时机任华北行政委员会委员长及华北国防军总司令。”

双方商定共同“剿共”，合作一旦实现，日军供应阎军步枪 10 万支、轻机枪 8000 挺、重机枪 900 挺、掷弹筒 4000 个、各种炮 300 门及所需之各种弹药。等山西共军肃清后，南京政府更供给下列武器及其他所需之弹药、汽车、步枪 10 万支、轻机枪 8000 挺、重机枪 1800 挺、掷弹筒 2000 个、其他炮 300 门。军费每月由南京政府支给 1200 万元。

在签署《日本军与晋绥军基本协定》的当日，楠山秀吉和赵承绶又签订了《停战协定》，约定双方互为友军，彼此合作，自即日起停止一切敌对之战斗行动。

1941 年 10 月，阎、日双方又在太原举行“防共协定实施细则”的谈判。10 月初，赵承绶到太原，在东典膳所 1 号成立办事处。日军第一军司令岩松义雄与赵承绶正式会见。赵要求日方先拨给阎武器装备，日方则坚持要阎先通电脱离重庆政府。赵在太原滞留三个月，事情一直没有什么进展，因此他确认日本人“没有诚意”。回来向阎报告说，从商谈过程中的情况看，日方是诱降，不是合作。

阎锡山决定改变策略，对日方采取观望态度。

尽管日本天皇急切地希望阎锡山被招抚，但由于双方互不让步，结果一无所获。

为了迫使阎锡山就范，日军一面威胁要对其流亡政权进行围攻，一面要求再次会面。1942 年 2 月 6 日，岩松义雄在致阎锡山信中亦写道：“为长官着想，尽早实现合作有四利：甲、免除来自中央、中共的威胁；乙、得到自主能力，例如武器、粮秣及兵源补充等；丙、得以恢复经济力量，例如收回西北实业公司；丁、从南京政府及北平政委会能取得军事、政治及充分的实力。”岩松义雄还说，“我等敬服汪精卫氏不顾如此不利之环境，和日本苦乐与共，从事大东亚建设之气概，而遗憾者乃阎将军之周围缺乏如是者。”

威逼与利诱，迫使阎锡山亲自出马，与岩松义雄等举行“安平会议”。

1942年5月6日，阎锡山一大早就来到了山西吉县安平村。

这个地点，是阎锡山亲自选定的。安平村距阎、日双方防线各30华里，“安平”是阎锡山临时起的名。据赵承绶说，阎锡山十分迷信，认为这次和日方会面，很有危险，把这个村庄命名为“安平”，又在“吉县”境内，是个“吉庆平安”之兆。

阎锡山事前布置警卫总队和一个团警戒，到达村庄后，看到日本方面也布置了警戒部队，他率领赵承绶等人，由警卫总队掩护，先到会场。不久，日军第一军司令官岩松义雄、参谋长花谷正、华北派遣军参谋长安达十三、驻临汾的清水师团长清水中将、特务首领林龟喜和高级参谋人员到来，阎锡山和日本人一一握手，日军随军记者纷纷拍照。

接着，阎锡山首先发言。赵承绶回忆说，阎发言大意是，“亚洲同盟是中、日两国的共同利益，亚洲人愿意推日本做‘盟主’，我本人也拥护日本做‘盟主’，但日本人必须领导亚洲人做愿意做的事情，才能当好这个‘盟主’。中、日合作是互相需要，要本着共同防共、外交一致、内政自理的原则办事，尤其是内政自理更要紧，否则中国人民就会对合作有考虑。请日方表明对中国究竟将采取什么方针”，等等。阎锡山每讲一段，由苏体仁的女婿杨宗藩翻译一段，占的时间很长。日本人听得不耐烦起来，花谷正说：“我们是来开会，不是来听讲演。”岩松义雄不等阎锡山把话全说完，就接过去发言，大肆宣扬一番日本在太平洋方面的胜利，促阎锡山立即“觉悟”，早日通电履行“汾阳协定”条款，希望阎锡山认清当前形势，相信“大东亚圣战”有必胜把握，要阎锡山立刻脱离重庆政府，参加“大东亚共荣圈”，勿再犹疑。并表示如果阎锡山马上表示态度，可立刻交付现款300万元，步枪1000支。至于“汾阳协定”里所答应的一切，可以陆续交付。

岩松的发言，盛气逼人，但阎锡山并不买账，低首安坐，一副木讷表情。虽然双方约定会谈不必当场答复，但日方还是催他表态，阎锡山说："凡事都要有个准备，现在一切还没准备妥当，通电还需要相当时日。最要紧的是力量，如果日方能把'汾阳协定'中答应的东西先行交付，装备起力量来，能对付了共产党的攻击，就可以推进到孝义去。"

第一军参谋长花谷正听到这里，极不耐烦，蓦地站起来说："珍珠港一战，美国被日本一下子打垮，蒋介石更不在话下，阎阁下和日本合作，对你自己有利，也正是时候，观望没有什么好处，最好马上跟我们回太原去。"

这些话让阎锡山十分难堪，他眉头皱起来了。

于是，伪省长苏体仁建议"暂时休会"。

这时，阎锡山的警备队得到报告，发现日本人的许多骡马向安平村前进。可能是开来炮兵。阎锡山听闻，有惊惶之色。警卫总队长雷仰汤说："赶快走吧，这房子后边有一条小道可以出去。"于是，阎锡山不辞而别，由小道撤走。

安平会议以失败告终。

抗战时期，阎锡山任第二战区长官

事后，日方将岩松义雄与阎锡山握手的照片洗印100多张，用第一军的飞机运到重庆上空散发，以离间蒋介石与阎锡山的关系，但似乎未收到任何效果。

岩松中将因“对伯工作”毫无起色，上司追究责任，被调任离开，由其后任吉本中将和参谋长花谷正继续对阎锡山诱降。

这时候，一位前日军高级参谋人员来到了山西，他的身份是山西产业株式会社社长。吉本中将大喜，直接将策反阎锡山的重任交给了此人。

此人名叫河本大作。河本瘦削而整洁，西装革履，礼数周到。从外表看，根本看不出他是个狂热的军国主义者，有一肚子的英雄梦想。他是1928年“炸死张作霖事件的首谋”，也是1931年日本发动侵华战争的九一八事变的策划人。河本大作初小毕业的时候，正是甲午中日战争爆发那一年，胜利的捷报不断传来，河本大作立志成为民族英雄，在军界以狂热激进闻名。炸死张作霖后，河本大作受到处分，离开了军界，再次来到中国后，主要从事经济掠夺和特务活动。

接受诱降阎锡山的任务后，他写了封致敬信，买了两篓苹果托人给阎送去。一个月后，送信人带着阎的复信和一匹丝绸回赠，阎表示“希望将来能互相合作”。

河本大作果然有些手段，他征得阎锡山和日本第一军的同意后，成立了“三委员会”。既政治委员会、军事委员会、经济委员会。日军和阎锡山各派大员参加，三委员会办公地点设在太原东华门19号第一军司令部公馆。

三委员会的任务大致如下：

一、为加强对中共的政策，日军占领区的15名主要县长由阎锡山指定，经三委员会任命。

二、阎军向日军占领城市派遣特务，由日军安排到各工厂、矿山，以摧毁共产党的地下组织。

三、双方共同防止中共军队进入防区。

四、日军无偿向阎军提供弹药和山炮，日军向共军进攻时，须听取阎锡山派来的县长的意见。

五、双方共同担负对中共地区的经济封锁。

1944年5月，为了让阎锡山当上华北政务委员会的委员长，河本专程回国面见东条英机。不巧的是，东条英机出访缅甸，他没能如愿。

河本想见东条，还有一个说不出口的原因，他探知阎锡山不想以第一军司令官为谈判对手，希望日本方面能提高规格，让阎锡山直接与日军驻中国总司令畑俊六交涉，让阎锡山得到掌握华北军事政治的实权，从而拖阎下水。他还承诺，如果阎锡山答应下来，将来他一旦回到太原，日、阎双方可以共同管理太原附近各厂矿，并将阎锡山原来投入各厂矿的资本所有权交还，作为阎方的股本；日方在占领太原后新增加的资本归日方所有，双立实行“经济合作”，共同组织“董事会”管理。

看得出来，日军在“对伯工作”上是用心用力的。然而，此时，“二战”的形势已经对日本不利，阎锡山这根老油条，岂能看不出门道？

到了1945年6月，日军第五次与阎锡山会面时，双方关系已经颠倒，阎建议日方先向中国“讲和”，自愿居间联系，向蒋介石说情可保存日军实力。

1945年8月初，日、阎双方在汾阳村的司马村举行了第六次会谈，协商交接太原的措施与步骤。日军命令所部，一切武器、物资和设施交国民党军，不许交给八路军。“如果将武器交给八路军，将依法惩处。八路军若强行收缴，可以武力抵抗。”

驻山西的日军第一军得知八路军试图进入太原，立刻命令所属部队进入阵地，阻止八路军接收太原。参谋岩田清一说：“日军的意图是必须阻止八路军接收太原，要命阎锡山速来太原，接收第一军所属部队和警备地区。”

8月末，阎锡山回太原，日军第一军参谋长山冈道武亲自到平遥远迎。阎锡山在第一军直辖特务队樱部队的护卫下乘汽车进入太原城，十分威风。在车中，阎锡山问并肩而坐的山冈道武："不能将这样的部队给我吗？"山冈答："可以考虑。"

阎锡山重掌山西后的第一件事，就是想把驻山西的日本军改编成自己的部队，让这些血债累累的日本军人留下来，与他一起打击共产党。这样一来，过去日、阎会谈时的熟人又发挥了作用，阎锡山指名他认为反共坚决的日本军人来当谈判代表。参谋岩田清一就被阎指名为第一军谈判代表，招与阎军关系密切的日军顾问辅佐官当翻译。

阎锡山提议，第一军全部改编为自己的部队。岩田清一说："日本军是天皇的军队，所以不能只按司令官的意志办事，但是可以用适当的方法满足贵方要求。"

经过一周谈判，双方达成如下方案：

一、日军调查志愿加入阎军的官兵，以"就地复员"方式，使之成为"复员完毕"的个别人，阎军再以"个别人"方式组建日本人军队，纳入阎军的指挥系统。

二、阎锡山方面对参加阎军的日本军人给予优待。

三、在日本军主力滞留山西期间负责训练阎军。

日本军人"残留"山西的目的多种多样，但主要骨干是一些军国主义分子，他们想借助阎锡山，在山西保留一支强大的日军，以图日后。为了动员日本军人"残留"山西，他们印发给下级官兵的文件说："今天的日本，由于美军的占领正在成为日本人的监狱，值得庆幸的是我们现在身在中国……我们可以在这里培养和教育为祖国独立而战斗的日本人，必要时把他们派回国内，在日本国内开展独立运动……从外部去打开牢门。""战后中国已成为亚洲的主要力量，对于日本有很大的发言权。我们有条件借助中国的援助复兴祖国……凡希望祖国独立复兴的爱国志士，都应残留山西，与阎锡山携手合作。"

在日军高级军官和阎锡山的劝诱下，第一军约有4500人残留山西（后陆续遣返1000名）。河本大作的西北实业公司里，有500人决定留下。其中，日军第一军的司令官、参谋长、驻长治旅团长、驻运城旅团长、驻原平炮兵上校等人全部留用（两个中将、三个少将），还有许多日军的军事骨干、通信、炮兵、医疗等有一技之长的人员也被留下。

一位名叫赤星久行的少佐担任过坦克大队长，岩田请求阎锡山将赤星定为“战犯”，派宪兵将身在天津的赤星“逮捕”，带回太原。然后收集日军坦克、装甲车，成立机甲队，让赤星当了司令。

战败之人不免思乡，为了阻止这些军人回国，阎锡山还给钱给政策，给予优厚待遇。一是一律晋级；二是发放家属津贴（包括在日本的家属）；三是给日本国内家属汇款：将官20美元、校官15美元、尉官8美元。

这些残留的日本军人全部跟随阎锡山参加了国共内战。他们换上了国民党的军服，有的还起了中国人的名字。

内战初期，残留山西的日本军人主要负责训练阎锡山的军队并指导作战。第一军参谋长山冈担任军事顾问，办公室就设在阎锡山办公室的隔壁。后来，解放军攻势日紧，日本兵不得不冲上一线担负重要作战任务。

残留日军认为，只要他们上阵，八路军就不在话下。可是，今非昔比，在与解放军的作战中，他们伤亡惨重、内讧不断。在孝汾战斗中，机甲司令赤星负伤；在阳泉作战中，约300名残留日军全部被俘。由于战斗人员不断减员，日军还派人回日本招募志愿者，但无人响应。

1948年6月，阎锡山的六十一军与徐向前带领的解放军主力在平遥激烈交火，深感不妙的阎锡山终于下令，命以残留日军为主的“暂编独立第十总队”倾巢出动救援。十总队人数为9000余人，其中日系军人2447人、华系军人7279人，总队长由原独立混成第三旅高级参谋今村方策出任。这支部队，被阎锡山视为救命稻草。孰料，十总队此一去，被解放军包围，除司令官今村方策等少数人幸免外，几乎被全歼。6个日军团长3个战死，1个被俘。军中少将元泉馨也被打死。

解放军包围太原后，残留的日本军人只剩下300多人，已经无法进行步兵作战，今村将他们编为炮兵部队。河本大作模仿日军的九四式山炮，为阎锡山生产了数百门火炮。阎锡山称，要利用这些炮搞火海战术。在太原外围战中，残留日军还向解放军发射了毒气弹。

解放军写信给今村、岩田等人，动员他们起义，他们拒不接受。河本大作也拒绝逃跑，声称与太原共存亡。

1949年4月24日，太原城破，残留日军全部被俘。今村方策服毒自杀，成为最后一名死在中国的日军将领。河本大作面对解放军，声称“我曾受阎氏厚恩，责难恩人，作为一个日本人是难以忍受的”。他还在日记中讽刺一位日本人，“不出旬日之前，一个对阎长官歌功颂德、大肆吹捧的人，如今摇身一变，竟采取同人民解放战士毫无二致的行动，这种不知耻的应声虫说出了真心话，实在令人啼笑皆非”。

这些残留日军的骨干分子，对阎锡山可谓是尽忠尽义了。可惜主子跑掉了。

阎锡山在抗战期间，与汪精卫、龙云密切联结，与蒋介石对抗，与日本军勾结联系，给抗战阵营内部造成极大隐忧。蒋介石曾在日记中斥之不可救药。但后来的国民党正史却宽容地说：“经阎锡山对内、对外的运作，得以支撑华北战局，屏障西北，直到抗战胜利。”

太原战役，险些抓住胡耀邦

国共内战爆发后，阎锡山在山西与中共徐向前部血战 3 年半，始终占不到上风。

1948 年 7 月，解放军逼近太原。蒋介石急电胡宗南令三十军空运太原增援。三十军军长黄樵松率四个团被空运到太原后，收到了原西北军将领、他的上级高树勋的策反信，告诉他太原危如覆卵，劝他“当机立断，毅然举起义旗，坚决回到革命方面，创造自己的前途”。黄提出事成后当山西省省长，徐向前表示同意。在解放军商量派谁去指挥起义部队时，时任华北野战军第一兵团政治部主任的胡耀邦表示这是件大事，要亲自前往。徐向前没有同意，指派第一兵团八纵参谋处长晋夫带人前往。殊不知，黄樵松最信任的部下、二十七师师长戴炳南和副师长仵德厚却将黄准备起义的消息报告了阎锡山。阎锡山电召黄樵松开会，晋夫说不能去，但黄处事不慎，认为不会有问题，遂前往，一下车，就被两个警卫夹在中间，从兜里搜出了共产党的信件。

国民党一直认为晋夫就是胡耀邦，如能证实，这将是他们在内战中俘虏的中共最高级别的指挥员。他们将晋夫押解南京拷打审问，逼他承认是不是胡耀邦。晋夫仅报以冷笑。

黄樵松和晋夫被押解枪杀于南京雨花台。

戴炳南和仵德厚在太原被攻陷后被解放军俘虏。戴是躲在棺材里被搜出来的，很快被枪毙，仵德厚被判了 10 年刑，出狱后回陕西老家放羊、种地。1997 年后，仵德厚以台儿庄敢死队长的身份被媒体广泛报道，关于他是功臣还是罪人的争论也延续不休。

黄樵松事件之后，解放军继续强力围攻太原。

1949 年 1 月平津战役结束，解放军调整兵力，集中 32 万余人总攻太原。此时，面对城破被杀被俘的结局，阎锡山的部下和朋友都曾劝其赶紧离开太原，但是阎表示自己要杀身成仁、舍生取义，誓死不离太原。

1949 年 1 月 18 日，曾任晋绥财政整理处处长的邱仰睿电阎锡山，传达了美国人陈纳德的意见，劝阎不必坚守太原，到不得已时，他愿接阎锡山脱险。但是阎在回电中说："不死太原，等于形骸，有何用处！"在另外几封回电中，他还表示："山自以为老而无用，任一事结一局以了此生。""我决死战太原。"等等。在自己的办公室里，阎锡山也贴了一幅横批，上书："知其不可为而为之才是真正的革命。"

阎锡山推崇田横五百壮士的故事，他说："昔日田横五百壮士，壮烈牺牲，我们有五百基干，要誓死保卫太原。不成功，便成仁。"在听说纳粹军官均是牙齿中暗藏氰化钾毒丸，咬破后可以当即毙命后，他立刻让自己的制药厂试制。虽然最后没有真正成功，但是阎锡山的确配制出了五百瓶毒药。他把毒药放在自己面前，邀请美国记者拍照，并把照片送给劝其离开的司徒雷登和陈纳德等人，以此表示决心。

1949 年 3 月 29 日，"代总统"李宗仁给阎锡山发了一封电报："和平使节订于月杪抵平，党国大事待我诸公前来商决，敬请迅速命驾，如需飞机请即电示，以便迎接。宗仁俭印。"就这样，阎锡山带着秘书原馥庭等人，离开了太原。在解放军攻下山西之前，阎锡山曾经想过回去，但是蒋介石称飞机场已被共产党占领，不能降落。事实上真正的原因是蒋介石要留下阎锡山。

1949 年 4 月 24 日，解放军对太原发起总攻，全歼守敌 10 余万人。太原战役，解放军攻城 6 个多月，伤亡 4.5 万人，经历了解放战争中历时最长、战斗最激烈、付出代价最大的城市攻坚战。

从中也可看出阎锡山部队的战斗力。

因为等不到救援，阎锡山的副官梁化之与五妹阎慧卿在太原绥靖公署的地下室里服毒自尽，死前命令卫士将他们的尸体浇上汽油焚尸灭迹。在阎慧卿自尽前夕，梁化之代笔写下了《阎慧卿致阎锡山的绝命电》，其全文是："连日炮声如雷，震耳欲聋。弹飞似雨，骇魄惊心。屋外烟焰弥漫，一片火海；室内昏黑死寂，万念俱灰。大势已去，巷战不支。徐端赴难，敦厚殉城。军民千万，浴血街头。同仁五百，成仁火中。妹虽女流，死志已决。目睹玉碎，岂敢瓦全？

阎锡山五妹阎慧卿，负责阎锡山日常起居饮食，深受阎锡山信赖

生既未能挽国家狂澜于万一，死后当遵命尸首不与'匪共'见。临电依依，不尽所言！今生已矣，一别永诀。来生再见，愿非虚幻。妹今发电之刻尚在人间，大哥阅电之时，已成隔世！前楼火起，后山崩颓。死在眉睫，心转平安。嗟乎，果上苍之有召耶？痛哉！抑列祖之矜悯耶？"

在上海的阎锡山收到这份绝命电后，虽然泪流满面、悲痛莫名，却已经无计可施。

阳明山上

1949年底，蒋介石要阎锡山先搭机到台湾，他自己则从台湾抵达四川做最后的努力。阎锡山与陈立夫和“行政院副院长”朱家骅搭乘同一架飞机前往台北，侍从人员则坐另外一架飞机。

阎锡山坐的那架飞机，在四川与湖北的交界处遇到寒流，机翼结冰，突然下坠二三百米。飞机不敢再飞，降落成都。问其原因，驾驶员说，飞机上有阎长官携带的金条数十箱，致使飞机超载，空中下坠。同机的陈立夫第二天去与阎锡山商量，能不能少带金条，保证飞机不要超重。阎锡山说，减少几个卫士就好了，金条是非带不可的。

据说这些金条，阎锡山是准备以后打回来用的，但谁也没有想到，这一去就真的没有了回头的机会。

带着“行政院长”的头衔，阎锡山在抵达台湾的第一夜，住进了台北宾馆，在这座被称为台湾最典雅的巴洛克式建筑内，历经颠沛的阎锡山得到了暂时的休息。仅仅3个月后，蒋介石要阎锡山交出“行政院长”的职务给自己的宠臣陈诚。阎锡山的另一名侍卫王延年作为旁观者看得很清楚：蒋介石不再需要阎锡山了。在台湾所有的部队都属蒋介石所有，一直手握兵权的阎锡山也明白：没有部队，一切都失去依靠。当时的阎锡山已经年过67岁，蒋介石给了他资政的职务，毫无实权可言。

阎锡山离职前，“行政院”曾为他举行了一个小型的茶话会。席间有人将老子《道德经》里的两句话“绝圣弃知，大盗乃止”送给阎。阎锡山则回应称：“无珠宝而不争珠宝，不是不争，是无所争；有珠宝而不争，是自己心上无珠宝，才足为奇。人不污辱你，你不和人争，不是不争，

与陈诚交接合照，至此，阎锡山在台湾赋闲，前排右六为陈诚

是无争；人污辱你，你不和人争，才是不争。”不管是否故作姿态，此时的阎锡山似乎已经另有天地。

与继任的“行政院长”陈诚与妻子情深意切不同，阎锡山的家庭生活更符合世人对其暴君身份的想象。原配徐竹青年长阎锡山三岁，是山西五台县大建安村小地主徐一敬的女儿，阎锡山娶她有取“妻大三黄金堆成山”之意。徐竹青不过中人之姿色，只因一双小脚得到阎锡山父亲的首肯，但是徐竹青始终未能生育，这也让阎锡山纳妾有了充分理由。阎锡山与徐竹青也并非全无感情，1938 年，在听说徐竹青病重之际，阎也写过《忧妻病》诗：“子电传来妻病沉，远道流离糟糠心，胆石原系缠手病，主病无由听好音。”诗中的担忧之情，也确是出自真心。

阎锡山的如夫人徐兰森在被阎收房之时年仅 15 岁，16 岁时为阎生下一子，此后陆续生下五子一女：长子志恭幼夭；次子志宽，20 岁病死四川；三子志信亦幼夭。阎锡山晚年只有四子志敏与五子志惠陪伴在旁。阎锡山教子甚严，在公馆里设了书房，分请中文、外文、数学教师，但

阎锡山原配夫人徐竹青

阎锡山和儿子合影（摄于1947年）

是始终拒绝将孩子送入正式学堂，理由是“孩子入学，有人骂几声军阀，他们就受不了，就会赤化，跟上人走”。虽然自己纵情酒色，阎锡山却希望儿子自律，1941年他在日记中写道：“五子呈阅戒酒誓词，嘱曰：能管住自己才是大勇。”徐兰森1947年病故在太原，悲痛的阎锡山书写挽联：“上有老，下有小，责任未尽身先逝；左无从，右无和，余缘未尽影空留。”而早年在《家居病床与妾谈旧病有感》一诗中，他曾写道：“身修而后家自齐，齐家尤赖好夫妻，已过尽是伤心事，旧过那堪再重提。”这也是指徐兰森。

和家人陆续别离，让阎锡山在台湾的生活更为凄清。在卸下“行政院长”职务之后，阎锡山最初住在台北农安街，但即使是住家低矮的围墙，也抵挡不住彼时台湾政局的纷扰。阎锡山决定带着40名部属家人隐居在阳明山。和山西阎家老宅的富丽堂皇相比，阎锡山最后的住所仅仅有5间斗室，每间不过十余平方米，均是石棉瓦顶木板墙，门楣上是阎锡山手书的“种能洞”三字，其意为世界万物的根本是种子，而种子功能无穷，这也是阎锡山奇异的世界观。

由于没有办法散步，阎锡山在房子前面加了一个长长的走廊，山上

阎锡山在阳明山寓所门前

的房子没有电话、电灯，甚至没有自来水，喝的是泉水。一直到蒋介石夫妇前来看望阎锡山之后，山上才有了一部军用电话。阎锡山在山上这栋仿山西窑洞的建筑，是他和魂牵梦萦的家乡最后的联系。

山西王时期的阎锡山杂务缠身，当时的秘书曾记录阎一天的生活：头天晚上由检点参事拟出次日的时间安排，经阎同意批“可”后，照作息时间表进行活动。4时半或5时起床，吃早点，稍事休息后开始批阅电报和重要文件。6时至7时半参加朝会。8时至12时接见下属研究工作或召开组政军教经某方面的会议。随后是一到两个小时的午睡。下午则以开会和会客居多。晚饭后交代有关信件。一般直到11时左右始睡。有些重要军事会议，往往也开到深夜一两点。

权力顶峰时期的阎锡山也热爱享受权力，在参加朝会入场和出场时，其手下甚至会高呼“会长万岁！”“会长万岁！”之类的口号，俨然一位真正的君主。1941年陈诚就任第一战区司令长官，在克难坡遇到阎锡山，陈诚仅带秘书、副官各一人；而阎锡山则副官、秘书、参谋、参事和高干大群相随，副官们有持暖壶的，有持坐垫的，有持斗篷的，甚至捶腰捶腿的也各色俱全，其派头即使蒋介石大概也不能相比。

来台湾后，手无大权、过着半隐居生活的阎锡山虽然还是努力维持着往日的节奏，然而却不得不承认再也没有繁忙的工作可以支撑其生活。阎锡山还是经常和部属们开会，并留下了一篇篇的会议记录，其中一篇写道："大家在言语上有了相当的进步，过去大家习于流动的生活，等待

阎锡山到台湾之初，随从有三四十人，后来日子艰难，纷纷散去

的方式，后来到菁山虽有学习进步的风尚，但捎带的进步不是专门的进步，所以不踏实。”从这篇记录多少可以看出，政坛失意的阎锡山其实已经无会可开，这不过是过往生活的惯性而已。

除了天天开会做记录，这些跟着阎锡山南征北讨、迁徙到台湾的部属们，还必须在山上开垦荒田，甚至养鸡养猪种地。他后来还向附近的台湾金铜矿务局租了一大片地，建成一座农场，同样以“种能”为名，阎锡山在农场里种植了许多柑橘和松树。在写作感到疲惫的时候，他就在这里锄草种地，打发时光。这个时候的他，已经是一个真正的老人。

也许是因为从大陆带来的嫡系少，也许是因为从政多年结怨树敌过多，阎锡山在阳明山住了10年，除了蒋介石看过他几次，陈诚出于礼仪，去看过他一次之外，国民党政要中再没有人上山看过他。在台湾政坛复杂诡谲的10年中，阎锡山被忘记了。

靠着一个月5万块的收入，阎锡山要养活所有的部属分外吃力，为了替部属们张罗生计，阎锡山甚至一度在台北开了一家印刷厂。即使如此努力为大家盘算，阎锡山并不知道，身边的老部属们，因为耐不住山上的孤寂和微薄的收入，正在计划离他而去。

从1950年搬到阳明山之后，阎锡山已经很少出门。他的生活一如既往地规律：每天早晨7时起床，然后写作；午饭后休息两个小时，下午会见客人（如果有的话），更多的时候思考问题；晚上10时准时入睡，一日三餐也甚少变化。

和大部分要员初到台湾时的建筑设计一样，阎锡山的房外有一个40厘米厚墙的防空洞，因为当年还有从淡水飞过来的大陆飞机进行空袭，警卫人员住的房间里甚至还有射击孔。

虽然现在已经破败不堪，但还是可以看到在红砖上的黑色柏油。这是蒋介石要求漆上的，因为他在山下的官邸里看到红红的影子，以为是有人把阳明山的土地开挖，而当时的阳明山是不允许开挖的。就这样，阎锡山的外墙成了黑色，并没有任何人担心他是否会为此不快。这面黑墙如同镜子，一方面，映照出尽管曾经担任北伐集团军总司令和抗战第二战区司令长官以及38年的山西省主席，阎锡山在台湾的政治处境却已经如此尴尬；另一方面，也映照出阎作为一个老人的寂寞。由于儿子在美国，日本也有许多亲戚，阎锡山在卸任后不久曾一度表示想移居美、日，但没有得到蒋介石的批准，大概让多年的政敌自由出入，蒋实在不能放心。在阳明山的10年，侄儿阎志昭几乎是他唯一的客人。只有一些报刊、电台影视记者，对经历了清王朝、辛亥革命、北洋军阀统治、民国以及台湾国民党5个时代的阎锡山感到好奇。阎锡山晚年潜心研究的所谓“大同主义”中和哲学，常见之于台湾报刊，这也是他难得的慰藉。1959年，香港《真报》记者采访阎锡山时，他说：“一旦能配合国际形势，王师跨海北进，直捣黄龙，毫无问题。诸位别看我老态了，真个儿一旦反攻号响，看吧，我还要请求率领健儿们再打几个胜仗给国人看看；我有信心，生从太原来，我这把老骨头仍将活着回太原去。”

著书立说时的阎锡山，脸上已经褪尽了杀气

在经常与部属们开会之外，写书是阎锡山另一种精神依靠。他很少自己动笔，一般是他主述，下属们在旁记录，写好读给他听，然后他再进行修改。书房里的小圆桌和四个简陋的沙发，就是他和部属们工作的地方，《三百年的中国》也是在此完成。1959年，阎锡山曾经因为严重的心脏病住进台湾大学附属医院，但是因时时记挂尚未完稿的《三百年的中国》，他没等痊愈便匆匆赶回，可见他对这本书的重视程度。1960 年 1 月，《三百年的中国》终于完稿，阎锡山又开始研究《二十五史》及《十三经》。谁也说不清这是出于对学术的真正兴趣，抑或只是阎锡山的某种安慰。

一生醉心权术的阎锡山晚年生活单调，听听京剧是他唯一的娱乐，但是他只是听，从来没有真正看过。他也没有看过电影，因为“时间不会那么样浪费”，下属们看了电影也不敢告诉他。一生跟随阎锡山的原馥庭对他的评价也许非常恰当：“心里没有风景。”因为心里没有风景，所以他看山不是山，看水不是水。张日明记得某一次阎锡山吃晚饭，阎习惯性地一边吃一边聊天，他忽然夹起两条豆芽质问副官：“你怎么给我这样两条面？”副官慌忙解释面条在下面，这不过是豆芽而已，足见阎食而不知其味。

也曾有朋友怕他寂寞，写信建议他接受宗教信仰。但是年过七十的阎锡山，却有着山西人特有的倔强，他回信说：“我一天忙得很，我不寂寞。我估计再需要两三年，该写的书就可以写完了，但是我现在还在日夜赶忙，我并不寂寞。”

但是再多的倔强也抵挡不住现实的孤寂，原来跟随阎锡山的秘书和侍从，从最开始的 40 人，渐渐流失为不到 10 人。协助写书的原馥庭也考虑到自己日益老去，开始动摇，台北也有人邀请他前往收入稳定得多的机关做事。原馥庭把这个想法告诉了阎锡山，阎半天没讲话，然后他往前一坐，说：“你不能离开我。”

位于台北圆山的山腰上，有被称为“五百完人冢”的纪念堂，里面纪念的是国共内战时死于山西太原，最后集体自杀的阎锡山部属。

童年时代的李敖曾在太原度过一年时光，他在日后写道：“阎锡山到台湾后，写‘先我而死’四个字追念他们（指在太原自杀的下属），这四个字，倒写得颇能传情。”“五百完人”的故事，是阎锡山心中挥之不去的阴影，1949 年 10 月 23 日，阎锡山曾以“行政院长”的身份，留下一段给山西同胞的讲话：“山西全体同胞们，我这一回没有赶上回到太原，同我文武干部及全体军民，共同奋斗共同牺牲，我很惭愧，我心上也很不安，现在我天天想到这里，心上非常难受，但我在一天，一定一刻不会忘了你们。”

阎锡山到台湾后，通过“行政院”拨款新台币 20 万元建立了“太原五百完人成仁招魂冢”，蒋介石赠“民族正气”、蒋经国赠“齐烈流芳”匾额，阎锡山则是那句“先我而死”的冢匾，还撰写碑文和祭文。他甚至专门撰写了“太原五百完人歌”：“民族有正气，太原出完人；海天万里招忠魂，歌声悲壮动三晋。何以为完人？生而能‘杀贼’，死而不留身，大节凛然表群伦。谁能为完人？男学梁敦厚，女学阎慧卿，死事壮烈泣鬼神。赴汤蹈火全忠贞，救国救民重死生；五百完人齐尽节，太原今日有田横。民族有正气，太原出完人；日月光华耀国门，万古留芳美名存。”

然而现实并非传奇。“五百完人”祭奠的很多人，后来都被证实并未死去，或者并不是死于悲壮的自绝。“五百完人”的全部内容是：特工人员或服毒，或相互枪击，并引燃早已准备好的汽油自焚。一同殉难的，还有部分特工人员的妻子和年仅 18 岁的晋剧演员王桂燕。此外，特警处秘书主任范养德等 4 人在东缉虎营 2 号自杀；太原特警队主任王九如等十余人在后坝陵桥 18 号队部小楼上自杀；山西省会警察局局长师则程开枪打死自己的姨太太后在柳巷派出所自杀。李敖撰文说，真正死的人只有 46 个人，而且在真正死者的名单里，有的女孩子死时不过十八九岁，她们并不是怀抱理想而死的烈士，只是被阎锡山不能逃脱的部属逼迫至死。名单里的白文耀，事实上是被共产党枪毙，根本不是殉国的“完人”，而一个叫孟华的名字，甚至是被阎锡山亲手杀死。

可以肯定的是，阎锡山的五妹阎慧卿的确自杀而死，这个经历过两次不幸婚姻的姑娘最后同梁化之死而同穴，这是她悲剧人生的最后一出戏。她原本悲壮的故事，却因为被蒋介石在台利用为政治宣传工具，变得多少有些滑稽。

虽然曾多次表示想祭拜在太原死难的下属，但是“五百完人冢”落成之后，阎锡山却只去过一次。也许对心知肚明的他而言，这个传奇般的故事，太复杂，也太沉重。

在台湾待的十几年，阎锡山每年初一都会修改遗嘱甚至自写挽联，在生命的最后时光，原来的目标统统都失去焦点，大概阎锡山也一直摇摆不定，不知道自己到底应该给世人留下一个怎样的自己。

不过，有一点是他深信不疑的，那就是他毕生奉行的所谓“中道”。他在书中写道：“‘中’是人事成就的内因，‘对’是人事成就的外征；事的外征的‘对’是根据内因的‘中’来的。‘中’在不‘中’的中间，不在不‘中’的反面；‘对’亦在不对的中间，不在不对的反面。欲求人事的‘对’，须在不对的中间找‘对’，不能在不对的反面找‘对’。在不对的中间找‘对’，是以‘对’的一，规律不对的万，使不对归于‘对’，而人事常治。若在不对的反面找‘对’，是以这一端的不对否定那一端的不对，使不对与不对互相否定而人事常乱。”

阎锡山的坟前，用水泥砌了一个大大的“中”字，这“中”字，也许正是阎锡山一生周旋于各种势力之间，以图自保的注脚。

阎锡山的坟前砌了一个大大的“中”字

一直为他守着墓园的张日明已从风发少年变成垂垂老者。这位蒙古族的老侍卫用他的忠诚感动了台湾。

在阳明山阎锡山故居旁，人们常

阎锡山的侍卫张日明为老长官守墓超过 50 年。他说，做人要讲良心，当年阎长官救过我的命

见一位戴着礼帽、穿着皮鞋的老者坐在阳明山的一个公共汽车站上。这样老派的装束引人注目。他就是张日明。

1960 年阎锡山去世后，随从人员散去，张日明下山娶妻生女，但却五十年如一日守护阎的故居与墓园。张日明说，做人要讲良心，不能忘恩。张日明从 15 岁开始，就随着阎锡山的军队征战。他在太原“沦陷”后逃到绥远，当时阎锡山派飞机救了其中 20 人到广州，他就是其中之一。

阎锡山故居已经破败不堪，墙皮和天花板掉下来不少，有两间屋里堆着一堆堆已经发黄发霉的书，拿来一看，都是阎锡山写的言论。张日明会对来人说，你想要就拿去，喜欢的看着是个宝哩，不喜欢的你给他他也不要。他还说，阎锡山一度还想开个印刷厂补贴部下们的生活，可惜很快就垮掉了。

阎锡山的墓距离故居有几百米，一面陡峭的山坡上开出一小片平地，一块石碑，石碑后是水泥修筑的坟。

张日明拿起扫帚为老长官扫墓后，他坐车下山。在他的家门口，有他常去吃饭的一家“山东面馆”，他说，我在这家面馆里存放着“山西老陈醋”，正宗的。

张日明以此怀念他的家乡和老长官。

陈诚

伴君如伴虎

1965年3月5日，正当大陆“文化大革命”进行得如火如荼的时候，台湾的“反攻”梦还在做的时候，“副总统”、国民党“副总裁”陈诚因肝癌病逝台北，时年68岁。作为国民党内第二号人物，陈诚虽然只活了68年，但其追随蒋介石的脚步，却满满当当占尽了他41年的人生。

蒋介石有一句口头禅叫“中正不可一日无辞修”。中正说的是他自己，而这个辞修，指的就是陈诚。一句话，道出蒋介石对陈诚的倚重。

陈诚与蒋介石的关系，不仅是主仆关系、师生关系、上下级关系，还是诤友、军师、执行人的角色。他的成功与失败，与蒋介石的事业的兴衰荣辱密不可分。只不过他比蒋介石晚生了10年，却早死了10年。

他死得正当其时。

蒋介石对他的死，有痛心也有欣慰。这块对儿子蒋经国接班的最大巨石终于自行挪开了。

台湾学者王逸之说，陈诚与蒋介石之间，不仅惺惺相惜，也纯粹是“道义”与“理想”的结合，他借着蒋介石来完成他的理想；而蒋介石也借着他来落实计划的推动。他们两人之间，谁也离开不了谁，在历史上也是少见的。但在最后关头，却因和蒋经国为了接班之争，表面上虽还和蒋介石维持着和平的假象，实际上则是剑拔弩张与杯弓蛇影了。

蒋介石为陈诚举行了盛大的葬礼，蒋经国亦在葬礼上深深鞠躬。在陈诚的葬礼上，遗像的上方是蒋介石亲笔写的挽额：“党国精华。”蒋介石的挽联是：

光复志节已至最后奋斗关头，那堪吊此国殇果有数耶！

革命事业尚在共同完成阶段，竟忍夺我元辅岂无天乎？

此处的“光复”，指的是“光复”大陆，所谓“最后关头”已成遥遥无期的南柯一梦，蒋介石心中的悲凉，不言自明。

蒋经国的挽联是：

三十年导师中殂，忧国不忧身，少长皆令照肝胆；

千万里疆土待复，为河亦为岳，涕渍原许负弓旌。

虽然死后极尽哀荣，然而对于陈诚来说，与蒋家父子在权力场中微妙的关系，一直是他生命的最后几年最沉重的压力，他曾对自己的长子陈履安说：“如果我能够在‘总统’（即蒋介石）之前先死的话，我就愿意走了。”

陈诚得偿所愿。

陈诚，1898 年 1 月 4 日出生于浙江省青田县，世代农家。凭着一张借来的中学毕业文凭，陈诚冒名顶替报考保定陆军军官学校。在父亲好友、同乡杜志远将军的疏通之下，考试成绩差、身材矮小的陈诚于 1919 年以备取生名义进了保定军校第八期炮科，不可思议地开始了一生戎马的军旅生涯。1923 年 5 月，陈诚随孙中山出征西江，在肇庆与桂军冯葆初部作战中，胸部中弹负伤。时任粤军参谋长的蒋介石刚好在肇庆，便赴医院慰问伤员，这是陈诚第一次见到蒋介石。

陈诚大概没有想到，日后自己将顶着“蒋介石副手”之名，走至生命的最后一刻。

陈诚临死前曾特别写了一张便条给儿子陈履安，上书“陈死火葬，以不占地为原则”，但是陈诚的妻子谭祥将字条撕毁。因为按照当时的情况，如果陈诚不实施土葬，很多人在情感上不能接受。

陈诚一家与蒋介石合影。从照片中人物的表情与状态看，蒋、陈关系非常融洽

1965 年 8 月 30 日，蒋介石亲自来到自己选定的墓地为陈诚下葬。

30 年后，陈家将陈诚和谭祥的骨灰从位于新北市泰山区的墓地里迁走，墓园被改为“辞修公园”。今天，这处被蒋经国称为“风藏气聚，山水环抱，龙虎比和，万山朝拜，万派归源，气象阔大”的地方，除了一座石碑墙，清幽的公园内已经看不到任何属于陈诚的痕迹。

发端黄埔

1924年9月，蒋介石担任校长的黄埔军校刚刚成立不久，陈诚即被学校的教练部副主任邓演达、学生队副总队长引荐，调到学校任上尉特别官佐（即候差军官），担任教育副官，从而有了与蒋介石密切接触的机会。这是陈诚一生追随蒋介石的开始。

当时的黄埔军校，几乎集中了国民党和共产党的全部军事精英人物。国民党方面有何应钦、王柏龄、严重、刘峙、顾祝同、胡宗南、汤恩伯等人，共产党方面有周恩来、叶剑英、聂荣臻、林彪、徐向前、陶铸、陈赓等人。

陈诚任炮兵营长时的留影

在国民党体系内，黄埔军系成为军队主流，上述许多主要分子开始在职务上比陈诚高，但由于屡次的越级提拔，陈诚最终的职务比所有人都高。更重要的是，蒋介石的嫡系部队只被三个人所真正掌握，分别是陈诚、胡宗南、汤恩伯。三人之中，陈诚职务最高，其他两人曾经是陈诚的部下。

那么，陈诚是如何得到蒋的好感呢？

一则流传甚广的故事是，有一天，陈诚与邓演达黎明方才回营，因为不能再睡，陈诚读起《三民主义》，恰逢蒋介石巡视路过，蒋介石对正襟危坐读书的陈诚颇为欣赏，在询问过他的名字，用三民主义、孙中山对黄埔军校的训词临时“考试”之后，蒋介石非常欣赏地对陈诚说：“诗曰‘风雨如晦，鸡鸣不已’，你努力吧！”

1927 年，陈诚任二十一师中将师长留影。因得到蒋介石的重用，两年之内由少校升为中将

次日清晨，蒋介石即宣布：炮兵队区队长陈诚，发奋刻苦，精神可嘉，特提升为少校炮兵队队长，以资鼓励。陈诚和蒋介石的人生交集，也就此渐渐深入。

1925 年，黄埔军校成立炮兵营，陈诚被蒋介石命为第一连连长。

拿破仑出身炮兵，蒋介石出身炮兵，陈诚也出身炮兵，这使得蒋对陈诚多了一种偏爱。

这一年 2 月参加讨伐陈炯明的东征，是陈诚第一次真正作战，他的炮连战绩受到蒋介石的赞许，蒋曾高兴地对当时的共产国际驻中国代表和苏联驻中国国民党代表鲍罗廷说：“这个连长不错，打得准！”刚刚进入军界的陈诚，在这次东征中获得了“三炮起家”的美誉，也真正进入了蒋介石的视野。1930 年 8 月，由于在中原大战中表现突出，年仅 33 岁的陈诚被升为第十八军军长，虽然当时第十八军实际上只有第十一师，然而其装备在当时的国民党军队中却最为先进，蒋介石对陈诚之宠爱，也可见一斑。

曾任国民党第五战区司令部参谋长郭寄峤说，陈辞公（陈诚）对蒋先生有绝对的贡献，也有绝对的功劳。蒋的那点部队，想要控制中国，几乎不可能。靠辞公为他策反、招降、纳叛，才能成气候，形成以后的局面。

作战能力一般的“上将”

1930年11月，30岁出头的陈诚已经当了上将。他到日本参观其军事教育时，一位日本高级军官，当面颇有讽刺意味地问：“你这么年轻，怎么当上了上将？”陈诚应声反问道：“你们的天皇也很年轻，怎么就当上了天皇？”

天皇是日本人心目中的偶像，陈诚当众如此问答，日本方面认为这是对日本的侮辱，因此向中国方面提出了严重抗议。后来由何应钦出面向日方解释，才平息了这段外交上的口舌风波。

陈诚在日本，深深感受到了日本对中国的轻视，他写道：“目睹人日谋我，我日自铄，彼上军民骄焰十倍，在在逼人。”

这件逸事，说明了陈诚的口才和骨气一流，也似乎说明陈诚确实缺乏真正的军功。

虽然身高不足一米六且相貌文弱，陈诚却自认为是最称职的军人，即使官至“行政院长”时，当年的军靴始终在其衣柜中占有一席之地。出生于

陈诚访问日本时，日军将领问其这么年轻，为何能当上中将？他反问，天皇也很年轻，为何能当上天皇

1937 年元月，西安事变脱险后，陈诚任第四集团军总司令

抗战前两个星期的长子陈履安很少能见到自己的父亲，因为陈诚永远在前线。陈履安记得抗战的某一年在重庆山洞的家中，父亲和一群部下回来，吃饭之后唱歌喝酒，“有个将军喝醉了酒，跳到桌子上面慷慨激昂”，军人的披肩宽皮带以及满身豪气，是陈诚留给孩子们最深的印象。

陈诚的副官冉广银初见陈诚时的模样：个子很矮，穿着马靴，年轻豪爽。

这个时候的陈诚已经彻底取得了蒋介石的信任，从东征、北伐到“剿共”，从西安事变到抗日战争，对蒋介石来说，任何困难和危急的问题，陈诚都是不二人选。

但是，在大陆的军事发烧友看来，陈诚的指挥作战能力实属一般，甚至连及格都不好说。

中原大战，陈诚打得还好，成为打败阎锡山的主力军。蒋介石夸奖他的三次胜仗时说，马牧集开战胜之端，曲阜挽垂危之局，郑州结胜利之果。

战胜了军阀们之后，羽翼丰满的蒋介石开始着手消灭共产党。在总共进行的五次“围剿”中，陈诚参加了后三次。

第四次“围剿”时，陈诚的十八军被红军伏击，损失惨重，直接导致了此次“围剿”的惨败。蒋介石将其痛骂一顿，给他降一级、记大过一次的处分。蒋介石在处分命令中写道：该总指挥骄矜自擅，不遵意图，着即降一级并记大过一次，以明功罪而昭赏罚。

第五次“围剿”，陈诚担任北路军前敌总指挥兼第三路军总指挥，是蒋军主力。这次“围剿”前，蒋介石在庐山办了军官训练团，让陈诚担任训练团团长，前后短训了7000余名军官。将蒋介石的思想灌输给部队，以期统一思想，提振士气，培养忠于“党国”的精神。

第五次“围剿”开始，蒋介石的“政府军”按既定战术，广修碉堡，步步为营，建立封锁线，切断红军与外界的联系，加之红军内部发生了关于战略战术的严重分歧，蒋介石一再得手，最终迫使红军放弃了江西根据地，向西南突围，北上抗日去了。

这一仗，陈诚作为绝对主力，得分不少。而被他一手栽培起来的第十八军也开始成为国民党的主力部队。红军的《火线》杂志说，国民党十八军是蒋介石的嫡系里主力的主力，击破十八军，就能夺取江西一省或数省之首先胜利。

陈诚任庐山军官训练团团长

十八军早在1931年已经初具规模，之后陈诚不断收编杂牌军，十八军规模最大时曾经领辖8个师。到了1944年冬天，第十八军已经全军换成美式装备，并由美国联络官担任教练，实施美式教育和训练方法，其风头可谓一时无两。

抗日战争，陈诚可谓无役不与，四处救火，并主要负责指挥武汉会战。

日军侵占南京后，国民政府虽西迁重庆，但政府机关大部和军事统帅部还设在武汉，武汉实际上成为当时全国军事、政治、经济中心和战时首都。此时，半个中国都已经沦入日军之手，日本政府及其中国远征军总部均预期中国将会一战而降，因武汉陷落而投降。

1938年6月，日军大本营在华中地区集中14个师团的兵力。直接参加武汉作战的是第二军和第十一军共9个师团的兵力，约25万余人，以及舰艇120余艘，飞机300余架，开始进攻武汉。中国军队以总计14个集团军、47个军，100个师，作战飞机约200架，舰艇30余艘，总兵力近100万人应战。

中国军队参战人数是日军的4倍。

蒋介石和陈诚是此次战役的总指挥。

中方参战兵团为第九战区和第五战区的部队。

陈诚为第九战区司令长官兼武汉卫戍总司令，白崇禧为第五战区代理司令长官。北伐时期，白任东路军前敌总指挥时，陈诚是其手下一个小小的团长，蒋介石考虑到资历问题，把武汉卫戍部司令部收归统帅部直辖，但实际上仍由陈诚管辖。第九战区兵力70万，第五战区兵力约30万。蒋介石的倚重一望便知：陈诚当主角，白崇禧演配角。

这是八年抗战中规模最大的一次会战。

蒋介石是期待一场胜利的，淞沪会战、南京会战、徐州会战，他全输了，他已经不能再败。

陈诚与白崇禧

1938年6月27日，蒋介石在日记中写道："每一想到，穷苦之妇孺与同胞，若武汉再被敌攻陷，将不知遭遇如何之浩劫，唯有鼓励军民与武汉共存亡，同生死……"9月1日，蒋介石又写道："每念人民受战祸之烈与妇孺受敌军蹂躏之酷，不禁肠断心裂，战事完结后应对妇孺与灾民定一特别永久法令以爱护之，而对于刻剥人民之贪污，尤应严密防制也。"

陈诚于7月4日对采访的外国记者说："目前的大武汉，政府要用绝对的力量来加以保卫，上自我们的蒋委员长，下至我们的一般民众，都是具有最大的决心，已经屡次声明过，目前保卫大武汉之战，将成为我们的对敌决战的开始，我们在这次大会战中，要愈加消耗敌人的力量，要击破敌人的主力。"

参加武汉保卫战的部队分别利用鄱阳湖、大别山脉等天然屏障，加紧构筑工事，进行防御准备。

1938年6月11日，日军溯长江西上，进攻安庆，拉开了武汉会战的序幕。

从双方一接触，陈诚治军不严、军队管理水平低下的问题尽显。

6月18日，日军下达了由扬子江溯江行动，占领湖口及九江地区的命令。6月22日，日军进攻马当要塞。

负责马当—湖口防御的马湖区要塞指挥部指挥官是十六军军长李蕴珩，李蕴珩为讨好上峰，博彩头，在当地办了一所为期两周的抗日军政大学，调十六军的副职军官和排长离职进行训练。敌情如此严重，李蕴珩竟决定在6月24日上午8时举行结业典礼，令各部队上尉以上军官届时前来参加，会后在司令部聚餐。接令后，十六军所属部队的许多一线军官都于23日晚去了马当镇。

混入训练班的汉奸，把这一重要情报，传送给了日军。

24日凌晨4时，日军突袭香口，香口遂告失守，随后，香山等阵地也相继失守。负责指挥马当要塞阵地防守的守备第二总队总队长鲍长义看不惯李蕴珩那一套，没有派部下军官去参加李蕴珩的培训班，因而马当要塞的防守较为坚固。从24日早8时至下午6时，日军向长山猛烈进攻的突击部队伤亡惨重，毫无进展。日军出动十多艘军舰，向马当要塞的长山步兵阵地炮击，敌舰以S形游弋，每一次旋向射击，就有一百多发炮弹落在我守军阵地上，战况十分激烈。

下午6时，蒋介石从武汉来电，对英勇作战，抗敌有功的第二总队官兵予以传令嘉奖，武汉卫戍总司令陈诚亦同时来电嘉奖。

6月25日，第十六军第六十师在空军的配合下，向登陆的日军展开反击，试图收复失地。骁勇善战的空军健儿向江面的敌舰发起猛烈轰炸，击沉敌舰两艘，重创一艘。第六十师在空军的掩护下，发起反冲锋，将日军步兵迫退至长江边，于当日中午收复香山、香口。但到下午，敌军舰、援兵源源不断增加，敌援兵在舰炮的掩护下又纷纷登陆，大举反扑，香山、香口再度失陷。与此同时，敌舰炮火继续向长山阵地猛烈轰击。长山守军与敌海陆空军鏖战两整天，伤亡重大，战斗力减弱，急待补充。

要塞指挥官鲍长义屡次向军长李蕴珩请求派部队增援，但前来增援的第一六七师师长薛蔚英畏敌，援军直到长山失守也未能赶到。

26日拂晓前，日军向长山守军施放毒气弹，我守军官兵全无防毒设施及经验，第七中队官兵几乎全部中毒身亡。战至中午，长山阵地已被日军切为数段，弹药告罄。鲍长义眼看援兵无望，只得下令撤退，马当要塞遂告陷落。

马当要塞失陷，蒋介石大怒，他本指望国军在这里能坚守一个月，没料想，三天都没守住。

马当要塞是长江门户，由此向西，湖口、九江均无险可守，直接威胁武汉。

因此，陈诚发布了命令：香山、马当为皖、赣门户，其得失影响于今后作战之胜败甚巨……务速恢复香山、马当要塞阵地而确保之。攻克香山及马当要塞区者，各赏洋5万元。如有作战不力者、畏缩不前者，即以军法从事。

第十六军、第四十九军等部向香山日军发起大反攻，一度再次收复香山，但在日军空海军和重炮的立体攻势下，终究未能收复马当要塞。

马当战后，第十六军军长李蕴珩以疏于防范，作战不力受到军纪制裁，第一六七师师长薛蔚英更因贻误战机受到枪决处分，该师番号被撤销。

7月4日，日军攻占湖口。

7月27日，守卫九江的陈诚10万大军再次败退，日军占领九江。

8月2日至21日宿松、黄梅、星子、瑞昌全部失守。

日军称，8月15日拿下武汉。但是，中国军队一直坚持到了10月下旬。

值得一提的是，10月上旬，中国军队第一兵团抽调3个军在德安西北万家岭实施反击，一举歼灭日军约 4 个联队[①]，取得万家岭大捷。

至 10 月 25 日，武汉会战结束。

武汉没有守住，在日军对武汉形成合围之势前，中国军队被迫撤退，弃守武汉。

在这场历时四个半月的大会战中，日军伤亡 14 余万人。中国军队伤亡 40 余万人，是日军伤亡总数的近 3 倍。

1938 年，武汉会战惨状

武汉会战，事实上是以失败告终。日军乘广州兵力空虚，占领了广州，控制了华南的部分地区，使中国失去了重要的国际物资输入线。

---

① 联队为日军作战单位，编制 3870 人，下辖三个步兵大队（营），每个步兵大队下辖四个步兵中队（连）和一个重机枪中队，相当于中国军队的团。

但此次战役之后，日军盛极而衰，力量被大大消耗，抗日战争开始进入战略相持阶段。

蒋介石说，日军在武汉会战中，进入了孙子所说的“挂地”[①]，想摆脱罢手，也摆脱罢手不了。

陈诚认为，自己的作战意图是“拱卫武汉，达成长期抗战；在武汉外围，利用有利地形，极力消耗疲惫敌人，乘机予以局部歼灭”。

这样的自我安慰，说出来也无法掩盖伤痛。

解放战争，陈诚输得更惨。

据杜聿明回忆，1947 年 4 月东北行辕主任熊式辉曾对他说：“陈诚在关内指挥作战都失败了，想来东北出出风头，挽回他的面子，现在正想打我的主意。我走了你也难顶他，我们两人要想法子对付这个小鬼。”又说：“你等着瞧吧。东北‘共匪’不是陈诚所想的那么容易打，陈一到东北就撤换四平街守将陈明仁，已使东北将领寒心，你等着瞧陈诚这个小鬼的好戏吧。”

陈诚初到东北，锐意整军，大肆扩充部队，将东北原有 9 个保安区司令及 11 个保安支队及交警总队等部队，扩编为 4 个军，把骑兵支队扩编为骑兵师，又将青年军第二〇七师扩编为第六军，并从苏北调第四十九军王铁汉部到东北，另调楚溪春为沈阳防守司令官。连同原东北蒋军新一军、新六军、十三军、五十二军、五十三军、六十军、七十一军、九十三军等 8 个军共达 14 个军之多。他又增加了炮兵、战车、汽车等部队，妄想集中优势兵力与人民解放军决战。

当时，东北的主要城市都在国民党军手中，但农村地区和交通线，则被解放军控制。据国民党史料记载，国军控制的面积，不及东北的百分之一，且冗员太多，东北九省的省政府都在沈阳，僧多粥少，粮食、

---

① 孙子兵法称可以往却难以返之地，为“挂地”。

经费紧张，官兵不务正业，士气低落。由于裁军过多，使敌我态势此消彼长，解放军在东北兵力约两倍于国民党军。国民党军被孤立于各个城市之内，陷入被包围的态势。民间有顺口溜曰：陈诚真能干，火车南站通北站。意思是说，沈阳的火车，只能在城里开。

陈诚为了打破被孤立的情势，计划打通辽西走廊，将东北战场连为一体。1947 年 12 月，陈诚出动 15 个师向沈阳西北的公主屯进攻，以打破合围态势。林彪以 1 个纵队边打边退，将新五军诱至公主屯后，以 8 个纵队的兵力，分别担任围歼和打援任务。陈诚令廖耀湘的新三军、第七十一军和一个整编师反包围进攻公主屯的林彪部队，但新三军在距离公主屯 20 公里处被阻击于辽河西岸，无法前进。新五军苦战五昼夜，被林彪全歼。

陈诚战后以廖耀湘贻误军机为名，欲拿其开刀祭旗。蒋介石也在军事会议上大骂廖耀湘。廖不服，声称没有接到增援命令。结果不了了之。

陈诚眼见失败连着失败，将领不听指挥，气得胃病复发，躺在病床上动弹不得。杜聿明回忆说，陈诚叫他的老婆谭祥去南京搬请宋美龄求蒋介石将他调回南京。谭祥在南京果然通过宋美龄打动了蒋介石的心，想把陈诚调回，而以别人去替死。蒋属意于卫立煌，即将卫由沪召来。当时卫表示不去，蒋介石即指使张群、顾祝同等人劝卫到东北去。张群曾对卫说：

“以私人关系，我也不赞成你去东北；以国家前途计，希望你去东北挽回大局。”同时，谭祥为了急于挽救她的丈夫，也跑到卫家敦促卫立煌早日赴沈，并说：“东北‘共匪’打得好厉害，冰天雪地蒙着被窝到处钻，夜里钻到后方都看不到。辞修病得无法对付，只有卫先生去才有办法，请卫先生早日赴沈接事。”卫夫人韩权华以后对我说，她当时听了这话，觉得“有利有权你们就争，弄得不可收拾的时候就叫人家去。这是什么心理”？

陈诚于 1948 年 2 月 5 日悄然离沈阳飞回南京。4 月，国民党国民大会开会期间，全体代表不约而同地大喊：“杀陈诚以谢国人！”至 11 月，国民党军在东北的 47 万余人被东北解放军全歼。

1948 年 6 月 15 日，陈诚赖以起家的国民党主力第十八军在安徽省北部濉溪县双堆集被联合作战的中原和华东野战军全歼。

蒋介石的诤臣

虽然打仗不算真正的高手，但在蒋介石的亲信中，敢于犯颜直谏的，非陈诚莫属。

也许正因为此，蒋介石在恼怒愤恨和无奈中，对陈诚更加器重起来。

陈诚在国民党的高级将领中，属于有学识、有头脑、有办法，洁身自好的人物。他有一种老夫子似的耿直和执拗，爱提意见是出了名的。他对国民党的组织涣散、争权夺利、钩心斗角的情形屡有批评，主张"根本改革党政"。对许多政府官员、军队高级将领的贪污腐败、违法乱纪事例，甚至点名道姓地批评，蒋介石因此责备陈诚骄矜自负、爱发议论，说"总觉你说人之短，看人之轻"，劝他"切思而自反"。

国民党左派领导人邓演达在"四一二事变"后，一直与宋庆龄等人结盟，组织"第三党"，反对蒋介石的独裁统治。邓是陈诚的老上司，两人都是保定陆军军官学校的毕业生，邓是陈的学长。1923 年初，陈诚随邓演达参加了由孙中山领导的建国粤军。这年 5 月，沈鸿英在西江叛变，陈诚随邓演达团长出征西江。在此次作战中，陈诚于火线受伤，邓演达冒着枪林弹雨，冲到陈诚身旁，亲自指挥，将陈诚抢救脱险。

1924 年 5 月，黄埔军校筹建。陈诚又随邓演达离开粤军，一起来到军校。邓任训练部副主任，陈则在其领导下担任负责教育的官佐。

1930 年 8 月，邓演达成立了"中国国民党临时行动委员会"，从事反蒋活动。此时的陈诚，已被提升为第十八军军长。两人见面时，陈表示愿意在军事与军费方面支持邓，还主动提出，希望邓派一些得力干部到十八军来，指导工作。邓演达认为陈诚领导的第十八军条件较好，可以作为反蒋起义的基干部队。但他也知道陈诚不可能率领第十八军发动反蒋起义，他做了逼陈起义的预案。到时他将对陈诚说：“如果你反对起义倒蒋，可将我捆送给蒋！否则，同我一起发难，或者离开部队。”

1931 年 8 月，邓演达开始发动各地起兵倒蒋，在他准备离沪赴赣发动第十八军起义的时候，因他人出卖而遭蒋逮捕。蒋介石在日记中说：“邓演达昨在上海被捕，天网恢恢，终难幸免也。”陈诚得悉邓演达被捕，冒着巨大的政治风险，发电报给蒋介石，请求释放邓。蒋回电表示“准从宽大处理”。陈诚“深信总座之伟大，决不我欺”。但到 12 月中旬，陈诚却得知邓演达被判处死刑，遂于 19 日、20 日两次致电蒋介石，要求蒋“继先恩来之宽大”，不要处死邓演达，并表白自己此举“全为革命前途着想，非尽为友谊”。但蒋不为所动。邓被处死后，陈诚公然对蒋表示“人亡国瘁，病彻肺腑。……今公不能报国，私未能拯友，泪眼山河，茕茕在疚”，要求蒋改任朱培德主持江西军事，自己“离职赴京请罪”。蒋在复电中严厉斥责陈“因私害公，因友忘党，有负职责”。

而陈诚则认为，“先恩来孙中山先生主张言论自由，而择生兄死于言论攻击政府之黑暗，然则言论实为死由矣。……今后不言革命则已，若言革命如不奉行先恩来之主义，而仅挂革命之招牌，而行反革命之事实，我敢断（其）不会成功也”。

抗日战争期间，陈诚一直在最重要的地区担任要职。1942 年 12 月，蒋介石指示陈诚担任“远征军总司令或司令长官”，前往云南，准备“明春能如期反攻，不致贻误大局，为外人所蔑视”。

但陈诚与蒋介石的看法大相径庭。

陈诚认为中国单独对抗日本，已经苦苦支撑了 6 年，同盟国对此口头支持多，实质援助少，分析英美“各顾其根本”，把自己的根本利益摆在首位，重视欧洲，忽视亚洲，不过是利用中国挺住日本而已。中国的兵力对付日军已经捉襟见肘，再扩大战场，抽调 6 个军去印缅，无异于雪上加霜。更由于1942年3月至8月间中国远征军首次赴缅作战，完成了掩护驻缅英军的撤退行动，但自身伤亡惨重，因此他反对短期内再次赴缅作战。

但命令要执行，陈诚还是在1943年3月上任了。

1943年9月6日，陈诚向蒋介石请辞远征军司令长官一职：

窃查职自奉命兼任远征军司令长官职务以来，时已半载，因能力薄弱，毫无建树，瞻念前途，陨越堪虞，为免贻误戎机，重视责任起见，谨恳钧座赐准解除远征军司令长官职务，另行派员接充，不胜感激待命之至。

谨呈委员长蒋

职陈诚呈

蒋介石于9月14日接到陈的辞呈，15日即给陈诚发去一封措辞十分严峻的手谕，对陈之辞职之事严厉批评，其情绪化的用语不像一个统帅给部属的信，倒像一个长兄痛骂不听话的兄弟：

辞修同志：

你九月六日辞呈，我昨日方才接到，不胜感慨。关于远征军事，凡你所要求者无不遂你意旨照办；于我个人，无论公私，我以为已到至极地步。此外，再无其它办法可以服从，你要不去就可不去，你要如何就可如何，我绝不再来恳求。现在除向你三跪九叩首之外，再无其它礼节可以表示敬意。然此非我所能为也。你近日之态度言行或不自知，你的观念思想或未自反，我不得不对你作最后之规谏，须知你此种态度，国家政府命令纪律已废弃，世界只有你一人的意旨命令来行施一切。就是说你的命令、你的意旨，无论上官与政府非绝对服从、无条件接受不可，这种行动态度究竟为何种行动态度，我想已往军阀亦绝不致出此。这种跋扈恣睢之形态，除非政府已到国家将亡，纪律纲维荡然无存时，乃始有此。然而如此军阀，岂复我军人所有之人格乎！如果国家有此军人，即令其战胜一切，则国亦等于灭矣，吾实不忍见现在军人发生此现象也。

我再明告一言，我派你往远征军，乃是要希望你立业成名，而绝非陷你于死地，我以为一切公私道义都可弃之不谈，然而军人对于革命作战命令，即使赴汤蹈火亦不能推辞，此乃军人之本分。然而今日已经讲不到此了，希望你再加深思一番。是乎，否乎？从此余亦绝不再有言矣。

中正

三十二年九月十五日

从这封信的字里行间，不难看到蒋介石怒火中烧的表情。他甚至将陈诚的作为与军阀相比，可见气愤至极。

那一天，蒋在日记中写道："下午手书致辞修，痛斥其跋扈恣睢之形态，促其反省。如再不觉悟，此人不可复教矣。"

9月17日，陈诚接到蒋介石手谕，迅速回函，除表示"不胜警痛"外，又狠狠告了一状，"为免误事机，及良心之驱使"，列出军中高官们的种种弊端，提醒蒋介石注意：

一是关于远征军事，中枢意见，始终未能一致。除钧座本身外，其它多数不能重视与积极。在钧座当面指示时，默无异议。但一至其它场合，则意见歧出不已。

二是各有主张，各有根据。除钧座本身指挥外，殆无任何机关，任何个人，可有办法，使之力量集中，与意志统一。

三是观念错误。即始终认为敌人绝不会来攻我，同时我亦决无力量反攻。高官们视为当然。

四是由于以上心理与观念之错误，结果，部队纪律废弛，战力消失。细加分析，则苟且偷安，走私牟利，士气消沉，缺额日多。以及高级者生活之奢靡，下级生活之压迫，无不相因而至，有加无已。

五是今日部队实际情况，确属难言反攻，非但难言反攻，纵令走到缅甸，亦不可能。

六是远征军有关各种问题，再三自问，决无法解决。以钧座之贤明，当不以忠诚直言，为骄矜恣肆；以任劳任怨，为跋扈专擅；以应付敷衍，为有修养；以谄媚逢迎，为能服从也。

为了表白心迹，陈诚在当年的双十节向蒋进呈了近万言的《〈贞观政要〉读后摘要》，其中摘录了两个故事：

其一曰：魏徵进谏后，唐太宗赐手诏曰：得公之谏，朕知过矣！

其二曰：唐太宗认为魏徵多次当朝提意见是侮辱他，盛怒之下要杀魏徵。皇后听说后，默默退下，换上朝服来祝贺。太宗不解，皇后说，妾闻主明则臣直，今魏徵直，由陛下之明故也，妾敢不贺？太宗大悦。

陈诚不再敢说辞职了，但不久就在巨大的压力之下旧病复发，吐血吐了一痰盂，只好由卫立煌接任。陈诚在远征军前后不过 9 个月。

抗日名将孙立人虽是良将，但并非“黄埔系”，且早年并未加入国民党，因而始终都不为蒋介石完全信任。由于台海危机情况，加上美国人的情面，蒋介石不得不重用孙立人以防卫台湾，并利用他与美国的良好关系争取美援。1950 年 3 月，在孙立人就任陆军总司令的同时，蒋经国在蒋介石的授意下，已将特务网络渗透至陆军总司令部，孙的一举一动尽在其监视之下。多疑的蒋介石为了让蒋经国接班，打压孙立人，已经撒下大网。

1950年初若干美国已经解密之文电显示，美国驻台北武官确曾建议美方要求蒋介石离开台湾，另由亲美人士继起领导，并称孙立人等对“托管”并不坚决反对。当年2月，麦克阿瑟曾经派专机到台湾接孙立人赴日。麦克阿瑟在会谈中勉励孙立人负起保卫台湾的责任，保证尽量提供军援。孙返台后向东南军政长官陈诚报告了会谈情况。孙立人强调，是麦帅总部主动邀他访日的。而有人告状说，是他再三要求，才得以见到麦克阿瑟。

孙立人主动与美国人接触，更加深了蒋介石对他的猜疑，更何况，与蒋介石矛盾极深的史迪威将军解职回美国后，孙立人曾以中国军官的名义发动上书罗斯福总统，要求让史迪威重返中国，这些都是越名分、犯大忌的行径。

数年后，蒋介石将孙立人调离陆军总司令职务，转任“总统府”参军长。这是个虚职，完全脱离军队日常业务。1955年，孙立人被控以涉嫌参与郭廷亮“匪谍”案，企图利用阅兵场合胁迫当局，遭撤职软禁。此案牵连300多人。

蒋介石表面上郑重其事地让陈诚成立专案小组立案调查。

陈诚虽然与孙立人有矛盾，却明白孙立人是冤枉的。据陈诚之子陈履安回忆：“面对家父，孙将军一度奋力扯下衣衫，裸露出半生征战遗下的创伤疤痕，激动地对家父大叫道：‘我这辈子为国家出生入死，为什么还怀疑我变节，为什么？’”

当时蒋介石坚持要对孙治罪，但陈诚却力保，力陈孙立人无罪，最终达成了“不捕、不审、不判”的妥协。

国民党在大陆失败，蒋介石为了重振旗鼓，在台北市郊阳明山成立了“革命实践研究院”，培训中坚干部，冈村宁次等一些原日军将佐被聘请为高级军事教官，名分上是“顾问”头衔。陈诚和孙立人对蒋介石的这一举措非常不认可，多次表达不同意见，但蒋介石不听。老蒋有一个观念，美国人打仗是靠钱堆出来的。船坚炮利，武器精锐，这是美国人的本事。而日本人打仗是死硬派，打苦仗，在条件很差的情况下也能打胜。所以他认为在台湾的局势之下，训练需要靠日本那一套，不是靠多大多猛的炮弹。

1963 年秋天，陈诚在日记中写下自己在同一个晚上的两个清晰的梦境，第一个梦是陈诚梦见自己率领大军反攻，在登陆后北上却陷入共军层层包围，陈诚在急迫中惊醒；再度入睡后不久的陈诚坠入另一梦境，国民党军一路攻城陷地，陈诚出营巡视却被民众群起包围，或泣诉生活痛苦，或索求济助，陈诚情急中伸手进口袋想掏钱，结果口袋内一无所有，他于是再次惊醒。

在“反攻大陆”计划上的分歧，让陈诚和蒋氏发生了很大冲突，虽然陈诚依然向蒋介石表示一旦号角响起，他仍要请命出征，但他并不同意贸然反攻。1963 年，关于蒋、陈二人政治理念不合的传言已经甚嚣尘上，陈履安说，1963 年在波士顿的华人圈里，都在流传蒋介石和陈诚因反攻的问题吵架，一直吵到需要蒋夫人下楼调解。陈诚后来也对陈履安证明确有其事，但是在儿子面前他依然强调，自己并不是反对“反攻复国”，而是认为要看待时机。

按陈诚的意思，反攻大陆，需要整军备战，但蒋介石却在美国的压力下不断裁军，这让反攻只能成为一枕黄粱，这才是双方大吵的原因。

陈诚的梦，反映了他心中的挣扎，也反映了他对蒋一腔忠诚和大把的建议却得不到响应的苦闷与痛心。

联姻高官之女

在蒋介石的信任之外，自身毫无背景的陈诚进入国民党高层的另一张门票是他与谭祥的婚姻。谭祥为谭延闿的三女，蒋介石的干女儿，宋美龄留美时的同学。

以书法闻名的谭延闿是国民党第一任“行政院”院长，他也是蒋介石与宋美龄结婚时的介绍人，谭家与蒋家的关系可谓亲密。谭祥字曼意，毕业于上海女子学校，曾当过南京陆军子弟学校教员。

谭祥容貌秀丽、聪颖过人，深得蒋介石夫妇的喜爱，据说谭延闿“经常到蒋官邸漫谈，每来必须携曼意同行”。

中原大战时，蒋介石和宋美龄亲自做媒，把谭祥介绍给陈诚。陈诚自

1932 年元旦，陈诚与谭延闿的女儿谭祥完婚。谭延闿是蒋介石与宋美龄的介绍人，而蒋介石则是陈诚与谭祥的介绍人

然毫无异议，让人吃惊的是，其貌不扬的陈诚同样获得了谭祥的好感。在陈诚升任第十八军军长之后，他便与谭祥商量于12月前往上海结婚。但此时的谭祥并未同意，理由是陈诚尚有结发妻子吴舜莲。陈诚早在1918年就已结婚，妻子是其在浙江省立第十一师范同学吴子漪的妹妹，婚后不久陈诚即离开家乡前往保定读书，随后又远赴广东。1925年四五月间，陈诚父亲去世，陈返乡葬父，因伤未痊愈加之急于归队，陈诚没有和妻子同房。吴舜莲以为他有了外遇，愤而用剪刀刺喉自杀，虽然后来救治未死，但是夫妻感情至此已名存实亡，吴舜莲也并未为陈诚生下子女。

吴舜莲对陈诚的离婚要求只提出了一个条件："生不能同衾，死后必同穴。"陈诚一口应允，然而数十年后的事实证明这并非出自真心。虽然陈诚大部分时候以军人的威严形象出现，但是他对妻子谭祥始终温柔。在初识谭祥时，陈诚给其写信就已极尽浪漫，时常以"曼意吾妹爱鉴"或"曼意吾妹如吻"开头，二人初订婚之时，陈诚的信中已经出现"写给你好多吻"这样亲密的语句，信末则时常有"赠吻一打"和"附吻半打""还吻一个"，让人难以相信这出自军人之手。

两人大婚之时，发给蒋介石和宋美龄的请柬上自称"侄""侄女"。

两人婚后感情甚好，某一年谭祥生日，陈诚在信中说，"昨日想了一天，究竟送你什么好礼物呢，想来想去只有将我个人整个送给你，我想你一定是欢迎的"。

婚后赴前线作战，陈诚每日都要与谭祥通一次电话，二人留下来的照片中，陈诚经常是侧身温柔注视妻子，脉脉含情。

即使战火连绵，夫妻相聚时间甚短，谭祥还是陆续生下6个孩子，二女四子。陈履安把自己和弟弟妹妹们称为"玩泥巴长大的孩子"，因为陈诚始终坚持教育子女不应有特权观念。陈履安虽然早年与蒋孝武、连战、钱复并称为台湾政坛四大公子，然而却行事低调，从美国麻省理工学院电机工程学系毕业，后获得美国纽约大学数学博士学位。6个子女均学有所成，不能不说是陈诚的教育成绩斐然。

陈诚晚年与太太合影

虽然陈履安曾抱怨童年不易见到父亲，但是陈诚和孩子们的互动，却在6个孩子先后赴美读书后愈加频繁，陈诚在世时留下的最后几张照片，均是怀抱陈家的第三代，露出一个老人应有的慈祥微笑。对陈诚来说，在人生最后的几年，家庭给了疲惫的他难得的休憩。

1947年接管东北，几乎结束了陈诚的军旅生涯。

当时在人民解放军的夏季攻势中，杜聿明惨败，蒋介石只好把最后一张王牌陈诚派至东北，让其独揽东北的党政军大权。虽然上任之初曾有“消灭共军，建设三民主义的新东北”的豪言，但是彼时胃病缠身的陈诚输得更惨：解放军在1947年冬季攻势中，几乎全歼了蒋介石的王牌军之一的新五军，这让陈诚在国民党内广受批评。1948年4月的国民大会上，甚至有代表提出，“杀陈诚以谢国人”。事实上在会前一个月，陈诚已经以身体之名，向蒋介石提出辞去参谋总长和东北行辕主任的职务，但是蒋批示：“希安心养病，不必请辞。”5月10日，陈诚再次提出辞职的要求，这一次，他得到了蒋介石的批准。

经营台湾

1948 年 10 月 6 日，陈诚接受蒋介石的建议，从上海租界前往台湾阳明山养病。此时的陈诚已经只有一个四星上将的空衔，台湾之旅也只有妻子谭祥、副官冉广银寥落几人陪伴在旁，机场送行的人不超过 10 个。尽管妻子出身名门，前往台湾后陈诚也是仅次于蒋介石的第二号人物，但是他们甚至在上海带了一个沙发前往台湾，陈履安回忆沙发的破旧时说："很多客人来都笑，有的时候那个跟他（陈诚）谈的客人说，你这个沙发，我们坐下去起不来。"

陈诚的台湾之行也如同这把沙发一般失去退路。台北松山军用机场前来接机的人即使加上新闻记者也不超过 20 人，冷清孤寂，与彼时陈诚的处境相似。记者们试图从陈诚身上打探其前往台湾的政治背景，但是陈诚只以"此次来台奉'总统'之命，专事养病，并无其它"作答。

从表面来看，陈诚在台北的确悠然自得，远离彼时国内日益复杂的局势。他毫不介意和记者与其他来访者谈话，纯私人的，无拘无束的，然而拒绝在任何报纸上对自己的行踪进行报道。陈诚口才极好，当时台湾大学校长傅斯年曾说："我自认谈天的本领可打 80 分，可是辞修先生（指陈诚）谈天的本领比我还强。"

事实上，多年来一直与蒋介石保持亲密关系的陈诚非常明白，翁文灏内阁垮台，孙科匆匆组阁，陈布雷自杀，蒋在大陆败局已定，台湾已经是国民党最后的落脚点。早在 1946 年，国共内战刚爆发时，蒋介石第一次巡视台湾就曾表示："台湾未被'共党分子'所渗透，可视为一片净土，今后应积极加以建设，使之成为一模范省，则俄、共虽狡诈百出，必欲亡我国家而甘心者，其将无奈我何”，在国民党七大报告上蒋介石也提到：“就算是整个大陆被共产党拿去了，只要保持着台湾，我就可以用来恢复大陆。因此，我不顾一切毅然决然地下野了。”1949 年 1 月下野，对蒋介石来说，很大一部分也是出于对台湾的考虑，“如果我不下野，死守南京，那台湾就不能兼顾，亦不能成为‘反共联俄’的堡垒”。

1948 年 12 月 29 日，蒋介石下野前在南京发布“总统令”，任命陈诚为台湾省主席，“总统令”发布之前毫无征兆，前任台湾省主席魏道明甚至还在台北检阅警备旅的军事演习。病情尚未完全痊愈的陈诚就这样和陆续抵台的家人一起，从阳明山搬至台北延平南路的省府官邸，那个时候官邸尚铺着青石路面，不管是走路还是行车，石头总是嗒嗒作响。对陈诚而言，军人的生涯就此结束，就在两天之前，《新华日报・华中版》于 1948 年 12 月 27 日刊出的《战争罪犯名单》中，陈诚在 43 人的大名单中名列第三，已足可见在国民党中的地位之尴尬，往后的这一段人生之路，如同青石路面一般并非坦途。

在日后公开的《先“总统”蒋公图像墨迹集珍》中可以看到，当年身处风雨飘摇之时的蒋介石曾给陈诚上任后的目标写下“六条秘诀”：

一、多方面引用台湾籍学识较优、资望素孚人士参加政府。

二、特别培植台湾有为青年与组训。

三、收揽人心，安定地方。

四、处事稳重，对下和蔼，切不可躁急，亦不可躁切，毋求速功速效，亦不可多订计划，总以脚踏实地，实心实力地做事，而不多发议论。

五、每日特别注意各种制度之建立，注意治事方法与检点用人标准，不可专凭热情与个人主观。

六、勤求己过，用人自辅，此为补救吾人过去躁急骄矜，以致今日失败之大过，望共勉之。

陈诚在台湾省府公职人员大会上说了很多被混迹官场已久的政客们

认为并不那么合时宜的话，如："政府是民众的政府，政府亦应以人民的意志为意志，以人民的利益为利益。"又如："人民至上，民生第一。"据说他甚至在会上大声疾呼："今日台湾所最需要的，就是政府与人民共患难同生死的精神，使台湾成为一个复兴中华民族的堡垒，来担负复兴中华民族的使命。"

就任后的陈诚几乎是从一夜之间，从低调转为活跃，熟悉他的人曾说，这是几十年政治军事生活对其的重塑。1949 年 3 月，陈诚不顾立法院的坚决反对，宣布实施入台管制，颁布《入境限制办法》，从此两岸的亲友往来也失去了任何希望。陈诚要求军队到台湾后重新整编，因为这个时候国民党在大陆已经彻底呈溃败之势，出入境人口复杂，陈诚认为必须对此有所控制。更敏感的是，大量手握武器的士兵潮水一般前往台湾，陈诚要求这些船只一到基隆港，人可以下来，枪则留在船上，这种类似让以前的一地之王"缴械"的做法让国民党保证了对台湾的绝对控制。

为了避免大陆的通货膨胀在台湾重演，陈诚还要求国民党政府将 80 万两黄金运往台湾，作为发行货币的基金。1949 年 6 月，陈诚实施《币制改革方案》，规定：

1. 新币指定由台湾银行发行。
2. 发行总额以 2 亿元为限。
3. 新台币与美元汇率为 5∶1。
4. 新台币与旧台币总汇率为 1∶40000，限定于 1949 年 12 月 31 日以前兑换完毕。
5. 新台币以黄金白银及外汇为十足准备发行。

陈诚发行的新台币只能用在台湾，与美元挂钩，这个政策的出台有很大争议，因为国民党内很多人认为流通地点还应该包括广东和福建。然而后来证明陈诚的做法成功稳住了已经方寸大乱的国民党在台湾的阵脚，自从新台币发行之后，台湾的金融趋于安定。

虽然台湾省主席的位置，他只坐了不到一年就交给吴国桢，自己随后接替阎锡山成为“行政院院长”。但陈诚在台湾的表现获得了几乎一致的肯定。1952 年 10 月，台湾国民党第七次全国代表大会上，陈诚当选为中央执行委员；又于七届一中全会，当选为 10 名常委之一。七次全会作决议说道：“当 38 年革命遭遇空前挫折之际，大局处于风雨飘摇之中，陈诚同志确能秉承总裁指示，采取确切措施，作中流之砥柱，立复兴之基业。”蒋介石对其的信任，在这段时间也到达了顶峰。

抗战时期，武汉的外国记者曾给陈诚起外号为“大元帅的袖珍本”，因为陈诚始终以蒋介石为神，对其竭尽服从。一方面是因为知遇之恩；另一方面也许是对蒋的真诚尊重，因此无分公私场合，陈诚对蒋介石推崇备至，毫无假意。甚至在生活细节上，陈诚也在实践“大元帅的袖珍本”：同样少言寡语，情感低调，同样不喝酒，不抽烟，不吃大荤，生活自律甚严。在与蒋介石同时在场的场合，陈诚几乎从不发言，表决时对蒋介石的主张永远毫无异议。即使有时明知蒋介石的错误，陈诚依然奉行不悖，同时要求自己的下属“服从命令，不要乱想”。然而在台湾，随着陈诚的党内地位日益重要，以及蒋介石年岁已高，其与蒋氏父子的关系，开始变得复杂微妙。

副手难当

1950年3月，蒋介石在14个月的引退之后，下山复行“总统”之职，此时的临时“行政院长”阎锡山和全体阁员，也就此辞职。作为蒋介石此时绝对的宠臣心腹，陈诚以306票（全票为388票）通过，当选为台湾的“行政院长”，他搬进了当时的“行政院”，也是如今的台北“总统府”三楼。彼时的国民党政府党政军各派山头林立，陈诚在“行政院”内却并没有自己的班底。陈诚邀请黄少谷做自己的秘书长，黄多年之前曾做过冯玉祥的秘书。黄少谷报人出身，对军人出身的陈诚有诸多芥蒂，认为陈必然过于主观，处事强硬，因此坚持拒绝，后来是在蒋介石的调解之下才勉强同意，并申明“只做3个月”。但是在共事之后，黄少谷发现陈诚凡事都愿意与自己商量，二人之后也成为知己。陈诚曾作诗赠黄少谷，称其“平生谋国此心同，念载交亲患难中。久历艰辛多盛绩，每因回斡见深衷。能仁始信和无敌，不辱从知忍有功。执手依依惟惜别，寿杯香送芰荷风”。

蒋介石于3月12日公布了新的内阁成员名单，15日陈诚正式就任。上任时，陈诚提出“政府”的中心任务是“竭尽一切力量，确保以台湾为中心的基地，准备‘反’攻大陆”。在国民党七届二中全会上的报告，陈诚还强调“精神力量重要！”“一言以蔽之，就是自立自强的意志与自力更生的信念。”这些与蒋介石彼时对外语调非常一致的表态，也进一步加重了陈诚在蒋介石心中的分量。

1954年，蒋介石已经担任了6年“总统”，按照国民党的“宪法”要求，蒋介石已经任满，彼时的“副总统”李宗仁又已遭到弹劾远走美国。

虽然从资历来说，当时最适合的人选是何应钦，但是包括何本人在内的国民党高层都已经看得很清楚，陈诚才是蒋介石的第一人选。1954 年 2 月 16 日，蒋以新一任“总统”候选人的名义，提名陈诚为“副总统”候选人，蒋介石在会上曾列举“副总统”的三项标准：第一要爱党爱国；第二要负责尽职；第三要任劳任怨。蒋说：“我认为‘副总统’候选人人选，以陈诚同志为最相宜。”在如此明确的表态之下，陈诚在 32 张选票中得票 30，被正式推举为国民党“副总统”候选人。

5 月 20 日，陈诚在就职典礼上脱去他标志性的一身戎装，改穿长袍马褂，斜佩绶带，扣青天白日的勋章，在典礼上拍照宣誓，他同时辞去“行政院长”之职，由俞鸿钧接任。3 年之后的 10 月，陈诚在台湾国民党第八次全国代表大会由蒋介石提名为国民党副总裁，并获得通过。这

陈诚当选“副总统”时宣誓就职

是陈诚在其政治生涯的顶峰，其蒋介石“副手”的地位，也就此确立。

20 世纪 50 年代的台湾，尽管陈诚已经为官员和军队做好安顿，但是战争的气氛依旧浓烈。目前位于台北郊区的辞修高中，以陈诚的字命名，在其担任“行政院长”期间，里面有栋小楼是两岸战事临时指挥中心，这里和现在已经被台北中正纪念堂所淹没的“行政院长”官邸，是当年的陈诚最常待的地方。因为公事太过烦琐，陈诚开始抽烟，而在大陆的时候，下属抽烟都不敢让其看到，但是沉重的压力让陈诚几乎一夜之间成为烟民，他每天差不多要抽二三十根烟，而且毫不挑剔，从新乐团到香蕉牌，再到双喜。工作到深夜的陈诚几乎是黎明即起，因为在当时人心飘摇的台湾，陈诚需要应付的人事太多，在安排不过来时间的时候，陈诚就和客人在早餐桌上边吃边谈。

虽然台湾有了“国府”运过来的黄金作为新台币发行的基础，但是财政收入有限，这也是陈诚当时最为发愁的部分。以台湾 9 亿元的收入，

陈诚在台湾检阅女兵

单单供应 60 万军队，每人每月所得也不过 125 元，陈诚非常明白，就连所谓养兵千日的一个“养”字，台湾也难以实现，根本谈不上什么“守土反攻”。陈诚也因此在台湾多有举措，目的是保障民生。

台湾导演庄益增拍了一部纪录影片，片名《无米乐》，叙述了台湾南部两位老农对生产、对土地的执着，以及他们如何面对 WTO 的冲击。片中就提到陈诚当年的土地改革，即著名的“三七五减租”，大幅度降低佃农缴给地主的田租比例，地主必须拿出土地，不论是以赎买还是以多年加租的形式出让。在片子里，地主骂陈诚是“贼仔诚”，而得到土地的农民则称赞陈诚是“阿公”，许多得到土地后致富的农民至今仍然不时到陈诚墓前烧香化纸。当年留下的影像也可以看到，农民送给陈诚一幅锦旗，上书“改善民生”。这项措施解决了当时台湾粮食短缺的困境，使台湾原本的 600 多万居民，以及随后潮水般拥进来的 200 万人，得到了暂时的温饱，其中也包括自上海陆续抵台的陈家。

陈诚经营台湾效果显著

陈诚在台湾留下不少建设，其中最脍炙人口的是石门水库，这座当年非常轰动的大建设起于陈诚的坚持。1964 年 6 月 14 日，重病在身的陈诚参加了石门水库的竣工典礼，他在致辞中说：“虽然今天台湾的农业以及其他资源仍有可为，但毕竟受了天然的限制。要解决这一问题，第一要有适当的人口政策……”这也是台湾当局的高层领导首次提及人口政策问题。虽然蒋梦麟提出台湾应当主张限制生育，但是大部分的国民党当权派，特别是蒋介石因为“反共复国”的顾忌，对此问题十分保守。陈诚在如此公开的场合提出这一问题，可见彼时与蒋氏父子矛盾已经慢慢浮出水面。

由于陈诚对国民党元老和军政前辈均执礼甚恭，行文通常以字称公，如胡适称适之先生，孔祥熙称庸之先生，同时多次叮嘱部下，对社会各界名流应格外礼遇，他也因此颇得国民党元老们的好感，这也成为蒋介石的心病。1958 年是陈诚六十大寿，当日陈诚和胡适、蒋梦麟、梅贻琦、王世杰四人结伴南下旅行庆祝，当时的台湾岛内就把五人南游之事比喻为“汉惠帝和商山四皓”，直指陈诚有野心取代蒋介石，这进一步加深了蒋对陈诚的疑虑。事实上，按照当时的有关规定和临时条款，以及国民党内的局势，蒋介石之后，“总统”之位的确非陈诚莫属。

但是陈诚自然明白蒋介石想传位于子的心思，张学良就曾说：“蒋经国被陈诚压得灰心，想自逐到美国去，正好此时，陈诚病重死了，大局有了转机，真是上帝的安排。”正是因为对自己的命运已经看得清楚，陈诚晚年一度消沉，曾对当年的经济部长赵耀东说：中国官场就是忌才。

1963 年，陈诚以身体有病为由，要求辞去“行政院长”职务，大概是见陈诚已知难而退，蒋介石只是批准陈诚休假 1 个月，其职务暂由“副院长”王云五代理。同年 11 月，在国民党九大会议上，蒋介石提出“要大力提拔新进”，实质上是为传位于子铺路，陈诚再次提出辞职。这一次，蒋介石没有再挽留。

陈诚与蒋介石夫妇在一起时的照片

1964年，重病的陈诚曾经突发奇想，召见在当时就已以激进出名的李敖，他对李敖说："人之将死，其言也善良。我们国民党悟了几十年，终于让我们想通了：共产党的失败并不意味着我们国民党的成功。"身居高位而发此悲音，足见陈诚已心灰意懒。

1961年，陈诚应邀访美，与当时的美国总统肯尼迪、副总统詹森会面，这是陈诚最重要的"外交"之旅，他访美历时半月，返台后陈诚向台湾"立法院"报告了访美经过并回答了"立法院"委员们的质询。回台之后疲惫不堪的陈诚被发现有肝脏肿大的现象，但他还是继续出访行程，陆续访问了越南与菲律宾，这些外事活动是他一生政坛生涯的亮点，然而正如当时某个台湾上层人士的说法：这是陈诚在政途上的"回光返照"。也许是出于戏言，却不幸言中，对于陈诚的身体来说，这同样是一语成谶。

从菲律宾、越南返台后，妻子谭祥要求陈诚到阳明山静养，不久后他被确诊罹患肝癌。陈诚也厌倦忙碌的官场生态，在给大女儿和大女婿的信中，可以看出他疲惫不堪的心：“拟待任期满时再作打算，我真的不愿再做了，俗云当家三年狗都厌，我前后两任共九年两个多月，自然得罪的人不少，而且年纪也老了。”

1963 年冬天，在美国的孩子们都回到了台湾，这是陈诚与家人难得的团聚。1964 年 9 月开始，陈诚的身体状况急剧下降，大儿子陈履安陪伴了父亲最后的时光，也许是军人的精神已经深入血脉，即使在病情恶化之时，陈诚也从未在家人面前显露出软弱的一面。

1965 年 3 月 5 日，台北的春天还有丝许凉意。躺在病床上的陈诚要求护士把窗帘拉开，他要看看外面的景色，但是窗帘拉开依然是一个窗子，他就这样默默地看到晚上 7 点，随后溘然长逝。

对陈诚来说，这也许是生命中最长的一天，因为在 68 岁的人生旅途中，茕茕白兔般东走西顾的他，难得有这样的空闲。

白崇禧／晚景凄凉小诸葛

离奇死亡

1966 年 12 月 2 日，75 岁的白崇禧被家人发现死在台北松江路公馆的卧室地板上。睡衣和床单被撕毁成片，尸体也出现多处抓伤并且周身发绿，床头还有半杯尚未喝完的酒。对于当时身处极为复杂政治形势的白崇禧来说，他的死到底死于急病，还是遭人陷害，至今仍然是个谜。

最为公众熟知的白崇禧之子白先勇曾在自己的代表作《台北人》中写过一篇《国葬》，被人认为几乎是白崇禧 1966 年 12 月 9 日告别式的场景，小说里的“总统”同样和蒋介石一般给了逝者“轸念勋猷”的挽额，只是死去的人从白崇禧化为李浩然将军，路口的高大牌楼从“白故健公上

白崇禧丧礼情景

将之丧”变成了“李故上将浩公之丧”。除此之外，小说里描述的“台北市立殡仪馆门口，祭奠的花圈，白簇簇地排到了街上。两排三军仪仗队，头上戴着闪亮的钢盔，手里持着枪，分左右肃立在大门外”，“堂中灵台的正中，悬着一幅李浩然将军穿军礼服满身佩挂勋章的遗像，左边却张着一幅绿色四星上将的将旗，台上供满了鲜花水果，香筒里的檀香，早已氤氲的升了起来了”，据说和白崇禧的葬礼如出一辙。

小说写于 1970 年，现实世界中的广西军阀白崇禧去世 4 年后在儿子的小说中化身为了广东将军李浩然。小说中的死者在祭文中是“桓桓上将。时维鹰扬。致身革命。韬略堂堂。北伐云从，帷幄疆场。同仇抗日。筹笔赞襄……”即使一生都诸多争议，对于白崇禧而言，这样的评价也称得上恰如其分。

桂系部队领军人物

出生于1893年的白崇禧是广西临桂县人，回族，祖先据说是迁徙而来的阿拉伯人。白家原本是书香门第，但是到了父亲白志书这一代开始弃文从商。白志书开了一家经营日杂百货的店铺，最开始生意尚属兴隆，但是在白志书因病去世后，账房卷走了白家所有资产。白家就此倾家荡产，生计尚且堪忧。白崇禧的寡母马氏共生了七男四女，但是相继夭折7个男孩、1个女孩，白崇禧在家里的男孩中排行第三。虽然家道中落，但是在母亲的支持之下，白崇禧依然得到了宝贵的求学机会。

1911年辛亥革命爆发之时，在广西省立初级师范读书的白崇禧加入广西学生军，随后入武昌陆军预备学校、保定陆军军官学校。1916年，白崇禧从保定陆军军官学校毕业，之后在广西陆军第一师任营长。

1921年，白崇禧代表当时已是旅长的同学黄绍竑，到广州见孙中山，要求参加革命。据说白崇禧要求孙中山支持自己统一广西的革命，而孙中山听从了廖仲恺、朱培德的建议，委任黄绍竑为广西讨贼军第一军总指挥，白崇禧为参谋长。孙中山曾经对白崇禧说："我无枪、无粮、无饷，只有三民主义。"而彼时被孙中山的个人魅力所折服的白崇禧则回应称："广西统一，不需要孙先生的物资援助，我们所需要的是孙先生的革命理论。"

白崇禧与李宗仁领军的桂系部队被称为"钢军"，骁勇善战，军纪严明。也正是在和李宗仁联手之后，白崇禧等人成功打败了广西军阀陆荣廷、沈鸿英，又逐出唐继尧。在广西统一中，白崇禧可谓功不可没，他之后的美名"小诸葛"也从此而来。

1926年2月，白崇禧以全权代表的身份前往广州，同国民政府洽谈，并达成两广统一。3月15日，国民政府军事委员会任命李宗仁为国民革命军第七军军长，白也于此时登记加入国民党，他和李宗仁毕生的友谊也从此开始，在桂系势力中，白崇禧的地位仅次于李宗仁，二人也被称为“李白”。从北伐到抗战，李、白二人始终合作无间，屡有胜果。对于白崇禧的军事天赋，程思远曾说过：“他所指挥的部队，与他个人从无历史渊源，竟能运用自如，如臂使指。对此，充分显示出他的指挥天才。”

积小胜为大胜，以空间换时间

1937年7月抗日战争爆发，白崇禧任副总参谋长兼军训部部长，成为蒋介石的重要谋士之一。1938年，在上海、南京等城市相继沦陷后，白崇禧曾提出“游击战与正规战相配合，积小胜为大胜，以空间换时间”，他甚至专门编著《游击战纲要》一书，发放各战区作训练游击队参照。对于这些建议，蒋介石悉数采纳。八年抗战中，白崇禧参与制订了各阶段国民党军队对日作战计划，还多次奉命协助或亲自指挥了若干会战，台儿庄战役正是其协助李宗仁指挥。

抗战初期的时候，李宗仁和白崇禧曾经说过一句话：“拼了算了。”大概从当时的局势来看，李、白二人都认为中国几乎没有取胜的可能，

事實上の宣戰布告
南京政府の大勢支配
時局收拾遂に不能か

抗日軍總司令に
白崇禧氏任命か
組織的戰備愈々深刻

日本报纸关于中日开战的报道，提到白崇禧

因此只能用生命“拼了算了”，但他依然是国民党军队最会使用战术的将军之一，即使国共关系已经紧张，彼时的白崇禧对共产党的抗战技巧从纯军事的角度依然表示欣赏。程思远回忆说，毛泽东《论持久战》刚发表，周恩来把它的基本精神向白崇禧做了介绍，白崇禧向蒋介石转述，在蒋介石的支持下，白崇禧把《论持久战》的精神归纳成两句话：“积小胜为大胜，以空间换时间。”由军事委员会通令全国，作为抗日战争中的战略指导思想。

白先勇说，杨天石先生论证过，我父亲1938年初在武汉军事会议上提出这个说法，他是受俄国人的启发。俄国人曾把拿破仑军队拖进俄罗斯腹地，最后把他们拖垮。

事实上，持久战是当时有识之士的一致看法，蒋介石的老师蒋百里亲自告诉他的学生，“胜也罢，败也罢，就是不同它讲和”。

在抗战的相持阶段，白崇禧和蒋介石的爱将陈诚一样，基本上被蒋当成救火队员，哪里的战事紧张，他们就在哪里出现。但是两人的待遇

抗战时期白崇禧与蒋介石合照，身后是一挑担的老农和一条狗

却不一样，白崇禧之子白先勇说：“台儿庄大捷，国民政府厚厚一本《中央抗战史》里，没出现指挥官李宗仁和白崇禧的名字；《李宗仁回忆录》里，也只有李宗仁自己忙着调兵遣将。白崇禧调川军入徐州，和李宗仁并肩指挥，击败板垣兵团的历史，在海峡那边好像从不存在。倒是老上海的《良友》画报，用年代久远的照片昭示了白崇禧的赫赫战功——其中一张照片上，满街游行的人群，高举李、白二人巨照，欢呼雀跃。”

抗战时的名菜“八珍锅巴”曾经风靡一时，因为它当时曾被名为“轰炸东京”。这道菜是采用炸得酥脆的锅巴做底，上面浇上有各种材料组成的芡汁制成，因为锅巴极热，浇上去时会发出“滋啦啦”的声音。据说白崇禧用此菜送行空军轰炸机名将徐焕升东征日本，因此形象地将其改名为“轰炸东京”。白崇禧当年的豪情，就算仅仅从这道菜中也可见一斑。

要向历史交代

1949 年 12 月 30 日，白崇禧从海南岛追随在大陆败势已不可扭转的蒋介石奔赴台湾。按照李宗仁的说法，白崇禧是受蒋介石承诺委以“国防部长”职务而赴台。虽然白崇禧无论如何都算为蒋介石立下过汗马功劳，但蒋介石却始终把他视为自己丢失大陆的败军之将，对他冷漠处理，白崇禧在台湾再也没有获得过蒋介石的信任。正如周恩来所说，“白健生颇自负，其实在政治上无远见，竟听信蒋介石的话，给骗到台湾去了”。

但是对于白家的人来说，白崇禧的选择却绝不仅是出于权力的考虑，而是“要向历史交代”，这句话出自白先勇：“父亲其实很清楚自己去台湾的境遇不会很好，也有很多机会去香港，去海外生活，但是最后他的选择就是‘要向历史交代’。到了台湾，蒋介石对他不满，那是他们的事情，他只做了自己能决定的事情。体味他当时的心境，也是一种悲壮。对于自己在台湾的境遇，我想他心里是有抱怨的，但是他不讲。至少他保全了自己的尊严，不屑于流露抱怨的情绪。他自己心里有数，他觉得自己的功劳谁也拿不走。”

白崇禧刚到台湾的时候住在圆山，后来台湾省政府腾出一些房子给从大陆来台的公务人员住，他便从圆山搬到台北松江路居住，后来又自己买下了那栋房子。1950 年 3 月，白崇禧的家眷陆续从香港来到台北定居，包括他的大哥、六弟、二姐等 20 多人，白崇禧又在台南买了两栋房屋供其他人居住。

据说刚搬到松江路住所时，“国安局”曾突然前来抄查住所，连地板也被翻得乱七八糟。在大陆位高权重的白崇禧实在咽不下这口气，曾致电质问当时负责情报部门的蒋经国。蒋经国要他直接问蒋介石，蒋介石对此的回答是："我知道此事，不仅对你如此，人人都应该这样来一次。"不仅如此，白崇禧甚至失去了基本的自由。白公馆的对面即是派出所，公馆进进出出的客人，常常受到特务的跟踪和监视。白崇禧曾经多次向台湾当局提出希望前往美国散心，但是始终未能获得批准，甚至亲生女儿在美国的婚礼，白崇禧也没有办法前往参加。

到台湾之后，白崇禧仅被委任"总统府"战略顾问委员会副主任，以及"中国回教协会理事长"等彻底的闲职。在身居高位多年之后，此时的清闲对于白崇禧来说是一种痛苦的折磨。据说有一日他与何应钦一起去打猎，谈起政局，白崇禧颇为焦躁地说："我们信仰宗教的人，对世界的局势、人类的前途，真主会有一个安排，我们还是打猎吧。"对当时的白崇禧来说，生活中除了打猎，就是种树浇水除草，否则无以打

白崇禧、蒋介石、何应钦三人

发漫长的时光。

对于蒋介石而言，自己三次下野都和李宗仁、白崇禧相关，他对白崇禧始终戒心重重。之所以力劝白崇禧来台，很大原因是希望借白崇禧的影响力，牵制政坛宿敌李宗仁。

1964年中法建交之后，在美国的李宗仁于2月22日在纽约《先锋论坛报》上发表了一封公开信，呼吁美国政府放弃不合时宜的对华政策，应紧跟法国政府调整中美关系。

这封信给了台湾当局沉重的压力，白崇禧被要求对此进行回击。

3月18日，白崇禧从台北致电李宗仁，全文为："'总统'蒋公率全国军民，尝胆卧薪，生聚教训，正在待机执戈西指，完成'反攻复国'大业。而我公旅居海外，迭发谬论，危及邦家，为亲痛仇快。最近闻报，法国与中共建交之后，我公竟于2月12日投函纽约先锋论坛报，劝说美国学步法国，与中共调整关系。我公对国难既不能共赴，反为中共张目，危害国家，是诚何心，是真自毁其立场矣！自毁其历史矣！自绝于国人矣！伏望我公激发良知，远离宵小，幡然悔悟，以全晚节。"

作为白崇禧多年的老友，程思远对电报的评价也最为客观："'反共复国'的滥调，不值识者一哂，白崇禧发此违衷之言，当为明眼人所共谅。"

1965年，李宗仁夫妇回到北京，并且受到中共党政军领导人很高的礼遇。毕生密友的回国给了远在台湾的白崇禧致命一击，他自己也非常明白，李宗仁一旦回到大陆，自己对于蒋介石来说牵制李宗仁的价值就会消失。据说白崇禧曾痛苦地对身旁的人说："德邻投'匪'，我今后在台湾，更没有脸见人了。"

遭遇弹劾

白崇禧初到台湾时的境况尚属过得去，但是1952年10月国民党召开“七大”之时，所有在台国民党六届常委都被选为“评议委员”，唯独白崇禧没有在名单当中，这显然是蒋介石故意为难白崇禧。党内的元老级高层对此颇有非议，曾推举德高望重的于右任向蒋介石陈情，但是蒋介石仅仅回答：“健生的事，我知道，我知道！”以后再无下文。

1954年“国大”一届二次会议在台北召开，在这次大会上有人为弹劾白崇禧罗列了三条罪状。当年白崇禧是“国大代表”，在此之前召开的一次所谓“光复大陆设计研究委员会”会议时，委员但衡今曾提案弹劾白崇禧，这次在“国大会议”上再次提出，并且有40多人附署，这个明显出自蒋介石授意的弹劾案指责白崇禧有三大罪状：

一、军事方面，中央银行黄金7万多两被白吞没。

二、汉口中央银行库存370多万两白银被白吞没。

三、徐州战役时白崇禧拥兵不救援徐州，不遵统帅调兵命令，拥兵自卫。

白崇禧对这个弹劾案非常愤怒，他在当天下午就给了每个代表

1953年着上将晚礼服的白崇禧

一份答复书，对所谓的三大罪状一一做出回应：

一、“汉口中央银行库存黄金——37 年夏（1948 年），汉口中央银行库存黄金约 7 万余两，地方上为维持币信，多主留存汉口，适逢国防部何前部长电话转达‘蒋总统’面谕，以中央改革币制使用金圆券，需要黄金以为准备，崇禧力排众议，当经遵令转运中央，有案可查……并非华中扣留黄金。”

二、“汉口中央银行库存银元……本署驻防武汉，适值金圆券急遽贬值，中央已汇到汉口之军政各费，汉口中央银行因券料运济不及，库存告罄，不能兑取，华中长官公署为维持辖区秩序，经呈报‘行政院’，并电请汉口中央银行转报该行总行，将库存银元查照应付款项分别缓急酌予搭发。本署经费系按照中委核定预算向联勤总部驻汉收支处具领，并未向该行提支分文……”

三、至于拥兵自卫、不遵统帅令的问题，白崇禧的答复是：华中主力 5 个军 1 个整编师均驰援徐州，大部分牺牲，而另一部分部队需对付刘伯承与孔从周，无法抽调，后来奉命撤退，“并非坐观成败”。

虽然后来但衡今提案与白崇禧的书面答复均在香港《工商时报》刊载，并引发了很大争议，这个弹劾案最后也不了了之，但是白崇禧在台湾的尴尬地位，已经就此昭示天下。更让白崇禧难堪的是，蒋介石还强迫其在罢免李宗仁问题上表态，白崇禧为求自保，在罢免李宗仁的联署书上签名。如此叛离相识数十年的好友，对于白崇禧来说，是一生不能卸下的包袱。

据《南方周末》披露：身在台湾的白崇禧因为情治人员监控非常不高兴，给蒋介石写了一封信诉苦。他问，你为什么派特务跟我？这些年来南征北战，为委员长打了这么多仗，为什么得不到信任。这些信里，他还翻出旧账，讲起国共内战时期的四平街战役。意思是我当初让你乘胜追击你没听，影响了大局，不然，也不至于现在败到台湾来。

白崇禧在台湾阅兵

有人问白先勇："你父亲那么厉害，还是被林彪打到了海南，是不是说明战争最重要的是人心？"白先勇回答："林彪也被我父亲打到过哈尔滨。"

1946年，白崇禧坐镇东北，指挥杜聿明攻克四平街，林彪被迫撤往长春。据谍报此时长春有6000名苏联红军，南京政府怕跟苏联冲突起来，酿成国际事件，命令军队不能开进长春。

白崇禧担心痛失良机，顶住压力命令杜聿明进攻长春，自己赶回南京向蒋介石报告。长春城破，白崇禧希望乘胜追击拿下哈尔滨，却被蒋介石调回南京履"国防部长"职。几天后，面对马歇尔马不停蹄地调停压力，蒋介石下令停战。此后，国民党军队再也没能到过哈尔滨。

白先勇说，内战爆发后，我父亲有三个阶段的建议，蒋介石都没听。

国军在抗战时都去了南方：滇西南、广西，甚至缅甸。我父亲认为把南边的军队运到东北是孤军深入，补给线太长。先稳定华北，比占领东北更重要。蒋介石没听；到东北，打胜了就得追击到底，蒋介石也没听；东北大势已去，父亲建议不应坚守长春、永吉，而应把兵拉到沈阳以南，据锦州而守，这样不至于被共军围起来各个击破，蒋介石又没听。

白崇禧晚年对儿子说："他（蒋介石）是器重我的，只是我有些话他没听。"

投身宗教却遭暗杀

宗教一直是白崇禧重要的精神家园，他先后担任过“中国回教救国协会、中国回教协会理事长”“中国宗教徒联谊会常务理事”。事实上，“中国回教协会”就是由其创立，虔诚的回教徒白崇禧利用自己的影响力，曾在抗战期间协助解决了内迁的北平成达师范学校、上海伊斯兰师范学校和西北公学的办学经费问题，王静斋所译的《古兰经》也是在其协助之下出版。抗战胜利后，白崇禧还曾为全国各地清真寺提供“国防部”的“清真寺内禁止驻兵”的布告。京剧名角马连良在抗战胜利后曾经牵涉进为伪满洲国演出的纠纷，还以汉奸罪坐牢，是当时担任回教协会理事长的白崇禧反复斡旋，马连良才最后脱了干系。

1949 年，白崇禧和另一个国民党内的知名回教徒马步芳带领约 2 万名穆斯林信众在台湾定居。1958 年，白崇禧曾经提议兴建一个伊斯兰教风格的大型清真寺，后经台湾知名建筑师杨卓成设计，经 2 年修建，1960 年台北清真寺落成，当年的落成典礼上白崇禧还邀请了很多东南亚的回教领袖。这所清真寺现在既是“回教协会”的会址，1999 年还被定为台北市古迹。虽然自己和妻子均是虔诚的回教徒，但是白崇禧却并没有强迫子女跟随自己的信仰，二女儿信仰天主教，白先勇后来成为佛教徒。白先勇说，即使父亲知道，可能会失望，但是也绝不会干涉。

对于曾叱咤战场的白崇禧来说，在台湾的晚年生活如此孤寂，宗教信仰变得更为虔诚坚固，大概他在这里找到了难得的平静。但是由于蒋介石对白崇禧始终存有戒心，“回教协会理事长”这个虚职也被其最终罢

白崇禧参加宗教活动

免，即便如此，晚年的白崇禧依旧全心投入宗教，在他的奔走下，台湾有了第一座清真寺。只是，已经失势的他竟连最后这小小的空间都捍卫得辛苦。

有时他去做礼拜亦会被施与难堪，进屋礼拜后，一出门皮鞋竟寻不见了，使得他不得不赶紧找双拖鞋坐汽车回家。此外，身为虔诚的回教徒，白崇禧一生都希望能够去麦加朝圣一次，当年他还任回教协会理事长时就曾多次获得回教国家的邀请，邀他去麦加朝圣，出于宗教信仰，白崇禧本身当然也很愿意出去，却无论如何也走不出去，跨出这小岛竟比登天还难。

终归，数十年的影响力让白崇禧仍然在幕后支持回教工作，这也是很多回教徒尊重白崇禧的原因。

白崇禧打猎留影

晚年白崇禧还在台湾的家中养了二三十盆兰花，“素心兰一开花，满屋生香”，虽然享受了战火纷飞时刻难得的温馨家庭生活，但是这个时刻的白崇禧却不见得真正快乐。

据说在李宗仁回大陆后，蒋介石曾迁怒于白崇禧，命令军统高层毛人凤对白崇禧施行暗杀，毛人凤又将这一任务交给谷正文办理。谷正文收买了白崇禧身边的一位副官，不久后得知白崇禧将去花莲县寿丰半山打猎。为了避免外界辨识出这是政治谋杀，谷正文曾密令侦防组暗杀不准用枪，“要把一切制造意外死亡的条件搜集起来”。勘查之后侦防组发现狩猎区有小型山间铁轨，可使用人力轨道台车登山。而白崇禧当时已年逾七十，已不可能徒步上山，必然会乘轨道车。

白崇禧等一行人去打猎的当天早晨，侦防组的行动人员则迅速爬到桥下，将支撑桥面木墩的螺丝钉一一松开。到了下午，打猎归来的白崇禧和随从从高山背面乘坐的轨道台车滑出，白崇禧与两名副官坐在后面一辆车上。当第一辆车滑到已经去掉了螺丝钉的桥中央时，连人带车一起坠入深谷中，白崇禧的一名副官用力将白崇禧推出车外，自己则随车跌入深谷。白崇禧经此大难而不死，彻底明白了自己在台湾的境遇。

过去杀敌无数的白崇禧，怎么也没想到自己的命一直在别人的点头和摇头之间，只消扳机轻轻一扣。

然而，白先勇并不认同“暗杀说”。他认为，那是一次意外，是因为父亲他们把火车信息弄错了。他说：“我们家一直有特务跟着，他们要想弄死我父亲，随便一个事故就解决了，哪里还需要什么撞火车呢？杨森当时还在里头呢，弄不好如果杨森一起出事，牵扯很大的。”

杨森是国民党上将，说蒋介石一次想弄死两个上将，听上去确实有点离谱。

饱受孤立的白家

承载过一段风光历史的小洋楼，如今依旧豪华气派，花园里清透的水慢慢流过，仿佛时间也跟着倒流。白先勇曾回忆说，一家人难得在这小花园里照上一张合影，尤其是小弟，过于顽皮，总也不肯站在镜头前乖乖地照相，总是站得好好的又忽然跑掉，于是大人就摘下手表给他戴，小孩子稀罕，又觉好玩，戴了一手的手表，可算是乖乖地立定，也就有了白崇禧一家 12 个人唯一的一张合影。仅此一次，之后，一大家人就再也凑不齐了。

1925 年，白崇禧在桂林结婚。妻子马佩璋是当地出名的美人，据说因为马佩璋品貌太过出众，又有巾帼之气，从商的父亲对其疼爱有加，不肯让其轻易嫁人，同时由于非教门不通婚的回教规例限制，马佩璋一直没有婚配。恰好此时白崇禧奉命率北伐军攻打广西，打败了广西军阀，两人的婚事一时也传为佳话。婚后不久白崇禧在龙潭与孙传芳交战，在上海的马佩璋听到白崇禧阵亡的传言，她居然冲破封锁线，在枪林弹雨中历时多日，奔到前方与丈夫会合。在湘桂大撤退的时期，马佩璋一人率领白马两家

白崇禧与夫人

80余口逃出桂林。这支队伍历经百般艰险，穿越千山万水，终于安抵重庆。这样的气魄，实在不是一个普通女人可以拥有的。也正是因为如此果敢，马佩璋在白家地位很高，性格阴郁的白先勇受母亲影响很大；对于情感细腻、敏感多思的他来说，几乎所有温馨的记忆都是和母亲联结在一起的。

也许对于人生的大部分时光都在战场上度过的白崇禧来说，坚强的妻子放在他内心最为柔软的地方，即使性格如此强悍，白崇禧对马佩璋始终谦让。白先勇说："吵架了，我妈妈撒点'老娇'，他就让了。"

"小诸葛"同热爱昆曲的马佩璋共育的十个孩子里，八子白先勇遗传了母亲的艺术细胞，幺儿白先敬则继承了父亲强悍的个性。

白先敬自幼就喜欢打架，事后被父亲白崇禧问讯起来，第一句话总是："你是欺负别人还是人家欺负你？"如若是自己儿子欺负了别人，当即就要挨上一顿打，还要被拎着耳朵到人家家里去道歉；反之，若是儿子被人家欺负，白崇禧立马追问幺儿："回手了没有？"如若没有回手，那接下来的一顿揍甚至要比欺负别人时挨得还要惨。

调皮的幺儿在长大后果真最令白崇禧头疼，但偏偏他又最像白崇禧，遗传了他过人的机敏和硬脾气。

白先敬回忆起那段"棍棒岁月"，依旧记得那时候"但凡超过了爸爸所规定的回家时间"，就必须挨打，"手打痛了就拿棍子，棍子打一打后心里又怕万一把儿子打死"，后来白崇禧就干脆跑到中华路一家卖狗具的店里定做了一根管教儿子的皮鞭，白先敬直呼，那皮鞭之下打得"甚惨"。大抵也是由于遗传了父亲的军人个性，即便是皮鞭棍棒，依旧是"打死也不投降"。有一次，白先敬至今印象深刻，"我记得有一次，也是最后一次，我从头到尾就是不喊痛，我就觉得你打吧，有种把我打死！结果他打到最后，把鞭子举起来以后又摔掉了，气得老泪纵横。这是我从来没看过的，也就是从此以后，他再也不打我了"。这之后白崇禧就经常跟人讲，说自己指挥过百万大军，如备施掌，却管不了一个儿子！他人道：“健公，你这不是管不了，你这是虎毒不食子！”

这个严厉爸爸其实还是个孝顺的儿子，在对日抗战的第 7 年，前线还很吃紧，白崇禧却特地回到桂林为母亲举办九十寿筵。当时才 7 岁的白先勇还记得去给奶奶拜寿的路上父亲教孩子们唱自己唯一会唱的一首歌，那是岳飞的《满江红》，“怒发冲冠，凭栏处，潇潇雨歇……”时隔多年，白先勇方才明白歌中有着父亲的心境，前方战火连天，日本人侵华，丢掉了半壁江山，实乃还我河山之志犹存，此时教自己的孩子唱《满江红》，既是凄凉，也是悲壮。然而，心存社稷的白崇禧也并非一成不变的铁面将军，尤其与夫人分隔前线与后方，风流男子偶有出轨行径。

据白崇禧的侍从参谋吴祖堂回忆说，“白先生有点浪漫，又有点好像是……近乎于好色的嗜好”，加之“年纪又那么轻，职位又那么高，且夫人又经常不可能在身边，有的时候白夫人会说，‘祖堂，我听到什么东西，你开车去帮我去……侦察一下’”。

面对先生在外偷腥，夫人马佩璋虽然厉色防堵却不改对爱情的感性。在白先勇的记忆里，时年逢父亲白崇禧在南京打得不可开交，母亲马佩璋身居上海，在误传中听说白崇禧已阵亡，随即径直一路从上海冲到了南京，找到了白崇禧。正忙于作战且不知原委的白崇禧满面惊异，不晓得夫人缘何突然赶来前线，遂极为严肃，军令在前，责问起夫人缘何无故跑来这里，当时的马佩璋一时没反应过来，只念得自己是好不容易冒了生命之险前来探问生死，怎得如此对待，不等白崇禧话落就已泪流满面。或许，这男人在最得势的时候没能懂这女人的感性，一直到他极不得志的晚年才体恤甚深。

赴台岁月，蒋介石复行视事，白崇禧只剩“战略顾问”的闲差，英雄至此早已无用武之地。

白崇禧的侍从参谋吴祖堂回忆，自国民党改造以后，白崇禧甚而连一个评议委员的身份都没有，可是即便如此，“总统府”每月一次的小组会，即党院的军方党部小组会，白崇禧依旧是每会必到。有一次文武百官有一个聚会，白崇禧身为三星上将，全身戎装去赴会，而“蒋见到他好像不大理他，白将军回来后很是难过”。

过去三星上将的熠熠光芒，在政治舞台已逐渐淡去，此时的白崇禧不但有职无权，连一举一动都遭到严密监控。据当时的“国防部”军事情报局侦防组组长谷正文回忆，那时，白崇禧每天去了哪里，和谁同行，谁看他，他看了谁云云，都有着翔实的记录。大概每一个礼拜前后就去和蒋介石汇报一次。

幺儿白先敬的记忆里那时常随父亲到桃园中坜的大水塘打野鸭，“我们出去就是一部车出去，所以就发现那个后面老有一部吉普车跟在后面。在台北市里时你还不觉得什么，等到了郊区那个田埂子里边的路就更明显了。我们停他也停，我们走他也走”。

再后来白先敬就慢慢注意到，每次跟随父亲外出都会遇到此种情境，甚至连父子去西门町看电影，后面也会尾随着一辆吉普车。对此，军方后来也给予白家“委婉地解释”，说“凡是陆军一级上将都有安全局的车子跟踪，那是保护你”，而尚且年幼的白先敬当即就质疑道：“就算你保护，也不要神神秘秘嘛，难不成是骗鬼吗？”事后白先敬也道，彼时，大家也都“心知肚明”那不过是“骗鬼的把戏”罢了。

过去令人望之生畏的白将军，如今竟然没有人愿意接近。白先敬回忆起那时的白家根本就是“门前冷落车马稀”，因为“但凡还在台面上的人都晓得：白某人那里要少去才是”。

西沉的月亮，清辉里透着凄凉。1962 年，已经饱受孤立的白家，因女主人的病重没入更幽黑的历史长廊。

白先勇回忆，在母亲生病期间，父亲常常提些食物前去探病，然而年轻时在战场上留下的枪伤，使得晚年的白崇禧早已没了年轻时的刚正步履，反而是伤腿不良于行，走路时略微有点跛，每每正是这般一跛一跛地提着那些东西到医院去探望的。

白崇禧一向刚硬的背影多了曲线，也多了落寞。这样的形象与当年的将军父亲，在白先勇的心里是同样的深刻而鲜明。

白先勇前往美国留学，陷入人生低谷的白崇禧专门到机场去送行，而且破例一直送到飞机的舷梯下，“父亲大概也很舍不得我走，他一直送到飞机下面。我看见他老泪纵横，我从没看到过父亲掉泪，那可以说是英雄泪吧”。

那是白先勇跟父亲的最后一面。

对于白崇禧来说，春风得意的政治生活和温馨甜蜜的家庭生活，都已经通通离自己远去。

退思园

相较于白崇禧晚年在台湾的苦闷岁月，以前一身军戎打扮的他显得十分风光，当时“二二八”事件才刚发生，他以“国防部长”的身份赴台宣慰，让许多台湾人十分感念。

他允许本省人控诉，有冤屈的可以控诉，陈存恭回忆起当时前去白崇禧面前控诉的李建兴，“他抱怨说自己是开煤矿的，今天开到这里说是军事要塞，明天开到另外一处也说不能开。白崇禧听罢，说哪有这回事？准他开！遂下了准许令给李建兴”。

后来白崇禧回到台湾时，李建兴曾将仁爱路一栋独门独院的日本房子围好，欲送予白崇禧，让他居住，以表他作为一个“煤矿大王”对当年的“一丝回谢”。而白崇禧却并未接受这份“谢礼”，依旧住在自己松江路的宅子里。

令白家的后辈们记忆犹新的是，白崇禧特别为那片园地取了一个名字，叫“退思园”，即所谓“丢掉大陆，匹夫有责”，作为曾经身居高位的军事将领，当然“责无旁贷”。或许，这亦是他对历史的交代。失去大陆江山后，白崇禧便是在这“退思园”中度过了自己人生的最低潮，生活清苦却甘之如饴。

白先勇曾说，初到台湾时一家人就在一般公务员住的木板房子里，由于家中人多，遂买了两栋通起来，不想台风来时屋内还会漏雨。“我记得我父亲母亲的房间也漏雨，还拿那个脸盆来接，那个雨漏下来滴滴答答的，但我一进去看到的样子却是我母亲坐在床上一边看一边哈哈大笑起来，我父亲母亲都是很豁达的两个人。”

1954 年，白先敬在父亲建立的鸡舍中留影

失意的尴尬或许能在豁达中化解，但另一半的离去却让白崇禧几乎崩溃。那年 12 月，马佩璋撒手西归，白崇禧悲痛万分。

由于马佩璋是在手术开刀中过世的，所以当死亡的消息被宣布时，犹如一道惊雷劈在毫无准备的白崇禧头上，“当时拿血压计一量，我父亲血压马上就飙到快两百了，即便如此，他坐在那里仿似还能强忍住一般。我在一旁看着我父亲忍在那里，强撑在那里，他那种撑让我记忆犹新”。幺儿白先敬不明白，父亲如此这般苦苦地撑在那里一辈子，到底是为了什么……“我母亲过世，我想他撑得最辛苦。我大姊回来看他，后来我大姊跟我说，她睡在他隔壁房，听到父亲彻夜独自叹气。”

柔中有刚的马佩璋的逝世对所有的白家人都是沉重的打击，白先勇在《蓦然回首》中写道：“因为国外没有旧历，有时母亲的忌日也会忽略过去。但有时候，不提防，却突然在梦中见到母亲，而看到的，总是她那一副临终前忧愁无告的面容。我对母亲的死亡，深感内疚，因为我没能从死神手里，将她抢救过来。”

按照回教的惯例，马佩璋过世三天就葬下了，而后从过世起开始“走坟”，即从下葬开始后每天去墓前“走坟”。当年已经69岁的白崇禧每日清晨率子女到妻子墓前诵经祈祷，风雨无阻，从未间断，持续了整整49日。也许对彼时的白崇禧来说，妻子的离去带走了过往生活留给他最后的美好。

1966年的那个冬天，73岁的白崇禧在清晨被发现暴毙身亡，死因众说纷纭。一说心脏病发，一说每天喝药酒的他遭人下毒。

时任白崇禧侍从参谋的吴祖堂当时是第一个爬上窗户的，只见白崇禧睡在那里纹丝不动，惊觉情况不对，遂破门而入，发现已然身亡，直至幺儿白先敬到家的时候，父亲也依旧保持着“离去时”的模样。“我到家的时候我父亲还在床上，是仰躺在床上的，可是旁边那个床单有拉过的痕迹。”

人生舞台匆匆谢幕的白崇禧，身后突然勾起人们的怀念。此时，最像父亲的白先敬在蒋介石面前吐了一口怨气。

白崇禧与夫人马佩璋的伊斯兰风格合葬墓

“早上6点多我们在灵堂的时候，就有人来通知说蒋先生马上就到，我们就整理整理等他。等到三鞠躬礼完了以后，他就把我们每一个小孩子那样子看了一下，那时大哥站在第一个，我是最小的，在最后。他就用江浙话讲了一句：‘有什么困难？有困难来官邸找我！’”即刻，最小的幺儿白先敬脱口就冲出了一句：“白家子弟没有困难！”

就这样，随着一抔化作粉末的骨灰，蒋白之间的恩怨一笔勾销。只是，这位立下汗马功劳的抗日名将既没有获得“国葬”，也没有褒扬令。他生前亲笔题的“忠肝义胆”，仿佛是为自己立的墓志铭，戎马一生，却落得晚景凄凉。

何应钦

明哲保身

受降将军背负骂名

中国历经八年抗战后，接受日本投降是最重要的日子。代表中国在南京受降的何应钦也从此有了“受降将军”的称号。何应钦成了第二次世界大战结束以后，中国战场上的知名人物之一。表面上，这位受降将军和蒋介石关系密切，但台面底下，却有许多不为人知的秘密。

1949 年 6 月，国共内战的战火依旧激烈，刚卸下“行政院长”的何应钦决心从南京迁徙到台北。那年，何应钦的侍从参谋曾有忠已经先期来到台湾，负责张罗何家运来的家当。

曾有忠说：“这些东西里面包括了床铺、办公桌、衣柜、何夫人的梳妆台，这些东西都重得很，很笨重，但是这些东西都是用最好的檀香木做出来的。”

何应钦住进台北市牯岭街的家中，已经是 1949 年底的事。

何应钦唯一的女儿何丽珠随父亲来台那年 17 岁。在她的记忆里，自己家的附近冠盖云集，住的全都是“国府”的一级上将们。

何丽珠说：“那个时候孙立人住在南昌街的陆军招待所那边，离我们家很近，他常常到我们家来聊天。我家前面还有一个桂永清，那个时候他是参谋总长，是黄埔一期的，他们这些人会在吃完晚饭后过来，聊聊天，发发牢骚。”

此时的何应钦只剩下战略顾问委员会主委的头衔，他的下属全是抗日名将。如今台湾“总统府”的三楼，是当时战略顾问的办公地点，这里距离蒋介石很近，却与权力核心十分遥远。

曾有忠记得，何应钦负责战略顾问委员会的时候，实际上是无职无权，没有事情可做，每一个星期只有一次会，平时都不用来。

没了政治舞台，何应钦也只能释怀。顶着“抗日受降将军”的光环是他最荣耀，也是最沉重的负担。

1945 年 9 月 9 日 9 时，是何应钦生命中最光荣的时刻，他以中国战区中国陆军总司令的身份代表蒋介石接受日本投降。当年汪敬熙是何应钦的英文参谋，就坐在中央军校的大礼堂内，见证这历史性的一刻。

汪敬熙说：“那个时候我们住在中央军校划定的受降的区域内，是校长官舍，何应钦受降就在大礼堂里面，投降的人走进来，鞠个躬，呈一个降书就这样子。”

在中日受降书上，何应钦盖下了工整的印章，然而代表日本投降的中国战区最高指挥官冈村宁次却在惶恐之中留下仓皇的印记——他的章盖歪了。

如今，在台湾军史馆的三楼，展示着日本天皇御赐给冈村宁次的随

何应钦在受降典礼上

小林浅三郎向何应钦呈递受降书

身佩刀。按照事先约定，受降典礼进行的时候，日本军人不准带武器进入会场，因此，就在进入受降会场的前一刻，冈村将刀交给了他的学弟——同为日本陆军学校毕业的何应钦。

受降典礼上，日本的中国战区参谋长小林浅三郎因递交降书的手离身体较近，何应钦不得不屈身向前。这张官方照片里，中方看起来比日方来得恭敬，引起轩然大波。

史学家叶泉宏说，那张受降桌太大了，何应钦长得比较矮，所以他只好将身体往前倾，才能拿到那张降书，所以无形当中就会出现一个所谓的何将军向敌人弯腰的镜头。

在中国抗战史上，何应钦的名声不怎么好听。

他的留日背景无疑让他的生涯多了个话题，被普遍认为是国民党中的亲日派，九一八事变之后负责与日本交涉华北问题。1933 年，何应钦与日本签署了《塘沽协定》，实际上承认了日本侵占东北三省和热河的合法性，并把察北、冀东的大片国土拱手出让日本。事前，何应钦密报蒋介石和汪精卫，称必须接受日方停战条件，为顾全大局，“是非毁誉，所不计也”。事后，何应钦致电“行政院”，称事机迫急，未及请示，自请处分。

1935年2月，日本本部密电关东军司令部，指示需要“适当刺激一下中国军方”，为扩大侵华战争制造借口。在反复策划之后，关东军司令南次郎决定暗杀何应钦，以激怒蒋介石和中国华北守军。

南次郎策划的两次暗杀均未成功，身负国仇家恨的何应钦，却依然听命于蒋介石，对日妥协。

1935年5月，日军以中国军队违反《塘沽协定》为名，调集大部队入关，威胁平津两地。6月9日，日本华北驻屯军司令官梅津美治郎正式向何应钦提出备忘录，限在3日内答复。备忘录要求取消国民党在河北、北平、天津三地的党部，撤退驻河北的中国军队，撤换国民党河北省主席和北平、天津两市的市长，取缔这些地区的反日活动等。由于送达备忘录的日军天津驻屯军参谋长酒井隆和日本外交官高桥均无谈判资格，故向何应钦索要回函。高桥还给何应钦代拟了一封信：

军分会何委员长所提对梅津司令官之通告

6月9日酒井参谋长所提出之约定事项，以及有关履行此等事项之附带条款，吾人一概加以承认，并可望将此等事项及附带事项自动付诸实施，特此通告。

收到这封信，何应钦认为文件措辞难以接受。于是，高桥另拟一稿：

6月9日，酒井参谋长所提出之各事项期望，均予承诺且自动加以实施，此致梅津司令官宛　何应钦。

何应钦在电告汪精卫同意后，回复日军：

6 月 9 日酒井参谋长所提各事项均承诺之，并自主的期其遂行，特此通知。

此致梅津司令官阁下

何应钦

《何梅协定》以中国现代史上著名的卖国协定而载入史册。给何应钦带来了终生挥之不去的骂名。

虽然谁都知道这是得到国民政府最高层的首肯，何应钦不过是马前卒而已，但他还是被骂得狗血淋头。1948 年 9 月的受降仪式，本应是他

受降现场，前排正中者为冈村宁次、右三为侵华日军参谋长小林浅三郎

扬眉吐气，雪耻洗冤之日，不料想又因弯腰接受降书而让人猜疑。

事实上，何应钦在日本投降这件事上，确实给足了日本军人面子。

日军侵华总司令冈村宁次回忆说，中国总司令部的交涉委员，大部分是日本陆军士官学校毕业生，对我方持有好感，且大多懂得日语，沟通起来十分方便。9 月 7 日，中方王武参谋来访，今井武夫参谋副长向其询问签字仪式是采取总司令官携带军刀入场，然后向对方呈交的仪式，还是采取不带刀入场的仪式时，对方回答，不带刀入场。

本来投降书是不允许投降一方事先过目的，但中国军方却私下把降书交给冈村宁次过目。

为了不使降书签字现场有压迫感，中国军方甚至想把签字桌搞成圆形，在美军的反对下才作罢。

另外还规定，投降者必须敬礼。即一到场即向何应钦总司令官敬礼，日军将领领取投降书时再一次敬礼，投降书签字盖章后呈交时再一次敬礼，共敬礼 3 次，而中方均不回礼。但是，奇怪的事情发生了。冈村宁次写道："在第三次小林总参谋长呈交降书敬礼时，何总司令却不由得站起来作了答礼。看到我这位老朋友的温厚品格，不禁想到，毕竟是东方道德……在会场上我不时凝视着何应钦的举动。由于是向我最亲密的中国友人何应钦投降，心中也有安然之感。"

历史学家李敖也研究了这段历史，交涉受降仪式的日军副参谋长今井武夫在回忆中说，他前往湖南芷江与中国军方交涉受降问题，此人没有日军的委任状，还拒绝接受中方的备忘录，但不知为什么却和在场的中国高参们相拥而泣起来。李敖说："像什么话？你们是战胜者，是中国的将军，日本人在中国抱你们中国女人，抱得不够吗？结果来投降的时候，还抱着日本人哭，你说蒋介石手下这些浑蛋可不可恶？"

何应钦对冈村宁次的宽容日后得到了回报。

1950 年，何应钦赴日为夫人治疗癌症，受到日本政府的冷淡，冈村宁次闻知后即召集老部下举行欢迎会，称何是“对日本人了解最深的友人”，称赞何“多年的亲日态度，早为日本国民所周知”。他还指责日本政府忘恩负义：“何将军对于日本及日本人深具理解与同情，由于战争结束时曾经竭力为日本人谋求福利，何将军此次来访，我国政府及国民却未能公开表示谢忱，以酬厚意！尽管我们是一个战败国，仍属遗憾之至！”冈村因为过于激动，竟失声痛哭，何应钦也老泪盈眶。

此后，蒋介石就利用何应钦这张牌与日本交往，通过何的穿针引线，谋求日本与台湾签订和平条约，以维持台湾仍代表“中国政府”的假象。

不久，冈村宁次又出于“报恩”的目的，介绍和组织过百余位老部下，到台湾帮助训练国民党军队。这些人由于找到了饭碗和“知音”，非常卖力。20 世纪 50 年代驻台湾新竹的国民党第三十二师，经日本教官的严格训练，成为当时台湾的第一流部队，蒋介石检阅后曾夸奖其为“模范师”。

“没有我蒋中正，哪有他何应钦”

虽然身负骂名，何应钦在国民党中的地位却如日中天。1935 年 4 月，国民政府根据重新制定的军衔等级，给高级将领颁授军衔，何应钦位列八名陆军一级上将之中，排名在阎锡山、冯玉祥、张学良三人之后，位居第四。其之后则是李宗仁、朱培德、唐生智、陈济棠。从名单中可以看出，何应钦是当时国民党中央军系统唯一的一级上将，蒋介石对其的器重可见一斑。

何应钦遇上蒋介石，是他青云直上的开始。他随着蒋介石的坐大一路攀升，被称为“福将”。何应钦的不同常人之处，就是他在处理与蒋介石的关系中维系主仆关系的平衡之术。

身着上将礼服的何应钦

何应钦 1890 年 4 月出生于贵州兴义。父亲何其敏为商人，何应钦在兄弟五人中排行第三。由于家境不错，7 岁的何应钦进入乡塾就读；10 岁开始读初小，13 岁进县立高小。何应钦成绩优异；以考选第一名被保送入贵州陆军小学，1908 年被保送武昌陆军中学，同年秋赴日本留学并加入同盟会。1915 年毕业于日本陆军士官学校。

何应钦是蒋介石的学弟，孙文在广州创办黄埔军校，由蒋介石担任校长，小蒋介石 3 岁的何应钦在同窗好友王伯龄的引荐下加入了蒋介石的创校行列，担任总教官一职。和一般军人威严的形象不同，何应钦多了文人的气息。

何应钦的独女何丽珠回忆说，当年大家都知道蒋介石的脾气不好，有时候忽然发了脾气，马上说东即东，说西就西，说杀就杀；而相比之下，何应钦则缓和许多。人们常戏称蒋何二人，一个是“严父”，一个是“慈母”。

在北伐战争中，何应钦一直效力于蒋介石的嫡系部队。蒋介石建立黄埔党军之时，将第一期毕业生分为两个教导团，何应钦是第一团团长，一直是作战的主力。1925 年，在镇压陈炯明叛乱的战斗中，双方在广东潮汕地区的棉湖发生激战。当时，陈炯明有四五万人马，而何应钦只有两千新兵。战斗从拂晓打到下午 4 点，由于友军未能及时发起攻击，致使敌军全力对付何应钦这一个团，部队伤亡三分之一以上。有位营长看

何应钦主持棉湖大捷 50 周年纪念

到官兵伤亡将尽，失声痛哭。但何应钦严令部队不准撤退。有一处阵地被敌突破，他亲率卫士组成的手机枪排将敌击退。当时，蒋介石就在团指挥所，他对何应钦说，何团长，你要坚持，必须想办法挽回局势。我们不能后退一步，假如今天在此地失败了，我们就一切都完了。

何应钦激于义气，也知道不拼即死，遂再次督队冲锋。恰好这时炮兵连长陈诚修好了一门打不响的山炮，开始对敌轰击，友军也终于出现，击敌侧后，终于取胜。

何应钦救了蒋介石的驾，一战成名。蒋介石对他更有“生我者父母知我者鲍叔”之感。甚至以 3 月 12 日为他们同生死、共患难的纪念日。

此后，第一团扩充为第一师，何应钦任师长，后又任第一军军长。蒋介石制造“中山舰”事件，排共排俄之前，曾经密电何应钦：“广州要人（指汪精卫）联合重要方面（指中共和苏联顾问）反对我，使我处境极苦，我打算下野以避风头。但下野后到哪里去呢……午夜彷徨，筹思无策，我兄其何以教我。”何应钦接电，复电称自己和第一军坚决支持蒋，做好后盾。蒋介石遂即发动了“中山舰”事件。

在北伐结束后的军阀混战时期，何应钦按蒋介石的意图，指挥国民革命军先后打败了李宗仁和白崇禧，冯玉祥和阎锡山，张发奎、唐生智和石友三，获一等宝鼎勋章。

打完了军阀，何应钦又负责“围剿”中央苏区，参加指挥第二、三、四次“围剿”作战，但三战皆败，使蒋介石大发雷霆。

听话而又有指挥才干，使何应钦官运亨通：成为一级陆军上将，历任战区司令长官、总参谋长、陆军总司令、国防部长等职。在黄埔系军官中，有蒋、何并称，位极人臣。

正因为如此，蒋介石对他也不是没有一点戒备。

北伐末期担任国民革命军总司令的蒋介石第一次下野，对何应钦多有抱怨。当时，武汉国民政府主席汪精卫通电反蒋；白崇禧等人公开逼蒋下野。当白崇禧在会上要蒋离职时，蒋回顾何，何应钦判断失误，认为蒋气数已尽，竟然一声不吭。蒋伤心异常，拂袖而走。

蒋下野后，由何应钦、李宗仁、白崇禧组成军事常务委员会，对国民革命军实行集体领导。先后击退各路军阀的进攻。1927 年 11 月 10 日，蒋介石由日本回上海。一个月后国民党第二届四中全会预会通过决议，敦请蒋复职。蒋要重新出山时，冯玉祥、阎锡山等人都发了拥戴电，但何应钦的拥戴电却迟迟不见发出。蒋介石因此大怒，让中央执行委员会书记李仲公给何应钦捎话：你告诉敬之，不要打错主意，上次白崇禧逼我下野，如果他说一句话，我何至于下台。他要知道，而且必须知道，没有我蒋中正，绝不会有他何应钦。这次的拥戴电，他竟迟迟不发，是何居心？现在桂系向北方大肆宣传，说我已经不能掌握黄埔系的军队，能掌握的只有何应钦。接着，蒋介石又大吒一声说："叫他滚出洋去吧，看我离了他行不行！"

蒋复职后，在 1928 年 2 月的一天，乘何去南京，直接去何的第一路军徐州总指挥部，撤消了何的本兼各职，将军队编为 4 个集团军，蒋自任总司令。

史料研究员叶泉宏分析：对何应钦来讲，他原来就是国民革命军在扩编的时候一路上来的，比方说教导第一团的团长，第一旅的旅长，最后变第一师的师长，第一军的军长；这样一路上来，所以等于说老蒋最信任的黄埔军人都是由何应钦来统率，理所当然老蒋心里会产生一种恐惧感；而且最重要的是，他觉得自己对何应钦的政治态度不是很明确地了解，一直怀疑何应钦是不是有野心。

此后，两人的私人关系有点不自然。经人说和，蒋任命何为北伐军总司令部参谋长。何应钦认为此举让自己颜面尽失，但也只能接受。此后他的兵权一点点地被削弱。

主持华北军事期间，由于签订了《何梅协定》，招来一片骂声，何应钦回南京任军政部长。

1936年，西安事变发生当晚，位于南京中央大学的斗鸡闸，也就是何应钦的官邸内，来了一辆辆的国民党当权派的高级轿车。紧急会议从晚上8点开到隔天凌晨1点，主和的和主战的争执不休，会议结束后主张动武营救蒋介石是那晚的共识。

何应钦给邹昌镛讲述过当时的情景："当时大家开会，说要赶快采取军事行动，要救蒋介石。可是怎么救呢？武力解决，讲空话没用，而蒋夫人说不可以使用武力，后来还是借用了苏联人帮忙。苏联人认为对付日本没有蒋先生不行，要求共产党说服张学良放人。事实上，政府内部当时意见很纷乱了，大家都主张派军事力量去救，这是大家的意见不是他何应钦的意见。"

但是国民党内早就有人给蒋介石传话，说力主军事讨伐的何应钦对蒋被抓是暗中高兴的，有篡位夺权的嫌疑，甚至要派飞机轰炸西安。宋美龄给蒋介石的信中也说，"南京城内戏中有戏"。蒋介石被释放后，对何应钦的这次"越位"一直怀恨在心。

国民党内部的政治风暴并没有延续太久，蒋介石宣布全面抗战，何应钦出任第四战区司令长官，旋即于1938年1月，调任军事委员会参谋长，负责战时军制计划和参与各个战役的指挥。

1944年8月，日军为打通陆上交通钱，发动了桂柳会战。中国军队虽然殊死抵抗，但因为实力悬殊，节节败退，桂林、柳州相继失守。9月上旬，日军由广西深入贵州大后方独山，距离重庆仅有600多公里。此时，中国军队的精锐主力远在滇西和缅北，其他部队或轻或重遭到打击，战斗力几乎丧失。蒋介石惊呼："战况危急……八年抗战之险恶未有如今之甚者也。"[①]他紧急召见了何应钦。何应钦之女何丽珠回忆，"每次

① 吴相湘：《第二次中日战史》下册，第1026页。

（蒋介石）要我爸爸到前线，他一定会说，'敬之兄啊，是你去还是我去？'我爸爸说莫非你能去？当然就是我去啊。我爸爸就到贵州前线去了。"

抗战后期，何应钦戎装照

这位贵州出身的将军亲自回到故乡领军，振奋了当地军队的士气，他一到贵阳，就和汤恩伯一起部署作战，从各地抽调援军直到贵阳，美军也派来了空中支援，稳住了大后方的安危。攻入贵州的日军本来已成强弩之末，进入冬季后补给困难，自行撤退。何应钦指挥部队企图对日军进行包围攻击，收复了一些失地。日军随后进行了猛烈反击，双方呈拉锯之势。无论如何，蒋介石总算松了一口气。

1944 年 11 月 20 日，何应钦担任了近 14 年的军政部长职务被免，由曾经是他手下连长的陈诚接任。但是蒋介石马上给了何应钦一颗定心丸，任命他为中国战区中国陆军总司令兼参谋总长。辖 28 个军、86 个师，总司令部设在昆明。主要任务是接受美援装备，整训军队，准备对日军发动攻势作战。

1945 年 4 月，何应钦率部向日军展开了反攻，指挥了湘西会战和桂柳反攻战。这时，德国法西斯已经无条件投降，墨索里尼已经被绞死，战局已经发生了根本性变化，日军人心浮动、无法恋战。因此，两大战役均获全胜，歼敌 38000 余人。

国共内战时期，蒋介石基本不再用何应钦了。他成了没有固定的班底，没有属于自己的部队的"摆设"。何应钦传记的作者倪搏九说，他当

抗战后期，何应钦与蒙巴顿检阅中国远征军

了 14 年的军政部长，却没有带过兵，一概是到哪里去，就拨给他多少兵，他这才有兵。“当时国家的军事组织下，兵权都在蒋（介石）先生手里。”

对于主人来说，管家易人，更容易集中权力。

1946 年 5 月 5 日，国民政府还都南京，不到两个月的时间，这位受降将军离开了中国，前往联合国，担任中国军事代表团团长。

叶泉宏说，早在抗战的时候，老蒋就希望栽培陈诚来取代何应钦，在那种情况下，如果何应钦留在中国，可能有些事情不太方便提起。所以蒋介石就把他派到联合国去，一方面是因为联合国刚成立，要建立很多制度，中国既然是常任理事国，理应要派声望很高的人来参与这样的盛会。可是后来又渐渐发现，当时许多国家并没有派地位高的人前来参与，于是就等于是把何应钦独独地丢到了纽约，让他远离了中国的权力核心。

当年和何应钦一起前往联合国任职的英文翻译兼参谋汪敬熙陪同他住在美国长岛。汪敬熙回忆，他们住了一栋房，有一个很大的花园，他们的用人房就有 7 个房间。

1949 年初蒋介石下野，李宗仁成为“代总统”，倾向“国共和谈”的何应钦则担任“行政院长”，夹在李宗仁的桂系和蒋介石的中央军之间，他左右为难。

倪摶九说：“何应钦做这个‘行政院长’，亦不知道到溪口去跑一趟。对何应钦而言，既然蒋先生不在，那么我要对这个局势负起责任来。我不去拍马屁，不去溪口看老长官。他果然说到做到，别人都去，他也没有去，而是守着南京。”

备受冷落的台湾生活

何应钦到台湾之后，几乎是从一开始就备受冷落，蒋介石只给了他一个“战略顾问委员会主任委员”的“冷职”，这个部门是蒋介石为安抚失势的国民党军界元老们而设立的。1952 年 10 月，国民党召开第七次代表大会，蒋介石连任国民党总裁。在重新选举出的 32 名中央委员和 10 名中央常委中，均没有何应钦的名字。反而是一直和他不合的陈诚名列其中，这也正式表明何应钦已经被驱逐出权力和决策的中心。

1954 年 4 月，蒋介石第一届“总统”任期将满，台湾当局准备选出新一届的“总统”和“副总统”，由于对李宗仁事件仍然心有余悸，据说蒋介石曾对有关人士打招呼“关照”何应钦，然而已被冷落数年的何应钦深知其中的奥妙，遂以年老力衰、无意仕途为由婉谢。

不贪恋权力，不培植自己的私人势力，这是何应钦多年伺奉蒋介石的主要心得。他从不在蒋介石的周围安插自己的亲信，即便是自己兄弟的安排，也以蒋介石的意志为意志。蒋介石给他什么位子他就掌什么权，一旦蒋介石收回这些权力，他拍拍屁股就起身，连灰尘也不敢多带，更不消说结党营私了。这使他能在大多数时候游离于国民党的派系旋涡之外，超然于各派的明争暗斗之上。而真心依附他的部属，虽无大利可图，却可避免被蒋介石或别的权贵所猜忌。晚年的何应钦，自知势单力薄，对蒋介石的依附性、对部属的谦和、对上下左右的礼貌周全，更甚于过去，因而使他颇有人缘。

从头衔来看，何应钦还兼任了国民党中央评议委员会主席团委员、“中日文化经济协会”会长、“中日合作策进委员会”顾问、“三民主义统一中国大同盟”主任、“中国童子军总会”副会长、“中华民国”红十字总会会长、台湾观光协会理事等一大堆职务，然而均为闲职。半生在战场上度过的何应钦不无伤感地说，“我现在什么都不打了，只有三打：一打桥牌；二打猎；三打球”。

这个时候的何应钦已经只剩下两种功能：一是凡有党国要人宣誓就职之类的仪式，何应钦都担任“监誓人”；二是不遗余力地吹捧蒋介石。

1953年10月31日为蒋介石的67岁生日。何应钦做纪念文章《“总统”的伟大人格——东征、北伐与抗敌》，文中将东征、北伐以及抗日战争的胜利均归功于蒋介石的领导，称赞“蒋公的军事天才、政治远见及其领导革命的卓越人格”。

1956年10月31日，蒋介石七十大寿之时，何应钦在各大报刊上发表《“总统”在广州》一文，要“全国同胞，仰体‘总统’蒋公的意旨，发挥他一贯的反共意志……以成就来做我们祝福的礼品”。虽然可以被称为做到了极致，何应钦却依然没有在政坛上有所收获。

何应钦无法走上台湾政坛，却带领一批年轻人站上国际舞台，成为国际冷战中一支突出的队伍。位于瑞典斯德哥尔摩市政大厅的蓝宫，在1961年曾经上演着一出反国际共产的歌舞剧《龙》，领军的正是何应钦。

这位抗日受降将军，在国际上留下了名号，当时有一个反对共产主义的国际组织叫作“世界道德重整委员会”，这一组织与何应钦联系，希望他能帮助该组织访问台湾。何应钦立刻向蒋介石报告，正为“反攻大陆”而苦恼的蒋介石听了很高兴，表示欢迎访问团到来。

从此何应钦积极投身于“冷战”，他在台湾成立了“世界道德重整联谊会”，并任会长，虽然这个“道德重整”的活动没有台湾官方的经费保证，可这毕竟是何应钦的新舞台。1961年，他还亲自带队，将一部反“赤化”的歌舞剧《龙》带到瑞典的斯德哥尔摩表演。

世界道德重整委员会《龙》剧演员邹昌镛回忆说起当时的情形

“共产党是说今天世界的问题，只有共产主义才可以解决‘That's the answer.’”，但是伯克曼博士说，解决世界问题只有用世界道德重整“Moral Re-Armament”，才可以解决，才是世界的大爱。所以何应钦要到全世界号召全世界的人士反对共产主义。

以反共为宣传主轴的《龙》剧，成了与国际共产党短兵相接的场景。《龙》剧演员邹昌镛说：“开始的时候就是何敬公出来讲话，讲中国的抗战和如何对付共产主义，讲完之后我们就演出了。但是下面的国际共产党人就闹台，推啊、打啊、吹口哨啊、丢小白鼠啊之类的。于是我们就停下来，保护何将军的安全，怕国际共产党的年轻人冲上来，对何将军有不利。”

1961 年，整整一年的时间，打着反共宣传的《龙》剧，何应钦的足迹遍布欧洲的瑞士、德国、法国、丹麦、挪威，以及美国各大城市。

在何应钦众多的头衔中，“中国童子军副会长”的头衔是他喜欢的。谢又华是当年中国童子军的总干事，而何应钦则是团体中的灵魂人物。谢又华回忆说：“童子军方面要沾他（何应钦）的光，要借重他的声望来帮助推动工作，每次我们请他他就一定来参加，我们希望他穿制服的时候，他就一定会穿制服来。那时候他虽然年纪已大，但体力依旧还是很充沛的！”

何应钦童子军军装照

“中国童子军”是国际组织，事实上，何应钦深入国际社会是从抗战结束后开始的。

风光回到台湾后的何应钦，心里清楚地知道那段曾经光荣的战史早已过去，但他不能忘却的是贵州老家正消失中的兰花。据何应钦的民间友人黄秀球回忆说，那时的何应钦经常要一个人走路五分钟上山去他家中看兰花。他还曾跟黄秀球建议，要他去各地搜集各种花卉，尤其是贵重的兰花，因为基本上“文革”以后这些全都落在日本或其他地方了，他觉得应该去收集一些回来，好让大家看看，休要都落在日本人手里。

何应钦晚年的公务大都为开会应景，或者参加一些剪彩、葬礼之类。他大部分时间用于打桥牌、打猎、打高尔夫球、栽花种树。何应钦生活上简朴，也没有特殊嗜好，每天只抽几支烟，甚少饮酒。饮食也非常简单，多为四菜一汤，荤素搭配。养兰成了何应钦生活的一部分。看着孕育而成的兰花，何应钦将思乡化成美丽的行动，深深寄情于兰花更是他对官场生活无言的陈述。

何应钦在台湾打猎照

何应钦的生活极有规律，平日不过是到门前草坪上散步拔草。他最大的爱好是在周末打猎，以及栽植兰花。何应钦家中共栽有 200 多盆兰花，官邸大厅里还挂着蒋介石题款、宋美龄作画的《兰》，与另外一幅张大千的《墨荷》互为映衬。

虽然担任的大都为虚职，何应钦对台湾并非毫无贡献，在旅游业方面尤其明显。1956 年，台湾有关部门策划成立台湾观光协会，何应钦被聘请担任名誉会长。在成立大会中，政治思维浓厚的何应钦发表了自己对发展旅游观光事业重要性的见解。在何应钦看来，观光事业不仅对经济发展和财政收入影响重大，而且对建设台湾“反共基地”，吸引海外侨胞，树立台湾在国际社会的形象都有重要关系。在何应钦的奔走之下，发展观光旅游甚至被列入“台湾政府”的施政方针。

虽然何应钦一直向外传递自己与蒋介石感情深厚的信号，事实却并非如此。1927 年蒋介石第一次下野之后，何应钦不仅没有表示丝毫挽留，反而与蒋介石的大敌李宗仁联名致电武汉，促成宁汉合流；1936 年西安事变时，何应钦作为主战派，被称有试图炸死蒋介石取而代之的嫌疑；在蒋桂矛盾之时，他也曾两度与桂系搭档。对于疑心极重的蒋介石来说，这显然是何应钦的“原罪”。

刚到台湾的何应钦也深谙这一点，因为他在很长一段时间内自称“闭门思过”，完全不问政事，这让蒋介石放下对其的疑虑。朝鲜战争爆发后，何应钦还曾以陪同妻子王文湘前往日本治病为由，用私人身份访问日本各界，全力进行游说，寄望日本同台湾签订和平条约，承认“中华民国政府”。在何应钦的努力之下，《日台和约》得以签订，50 年代中后期日本首相岸信介访台，也和何应钦不无关系。1962 年何应钦作为台湾特使，赴南朝鲜参加该国第 17 届独立庆典。他与总统朴正熙进行密谈，强调台湾、南朝鲜利益一致。

这些事件让蒋介石和何应钦起码在表面上维持亲密。1959 年，在何应钦70岁大寿之时，蒋介石曾亲手写下“同舟共济”的寿屏，何应钦将其悬挂在书房正中。1975年蒋介石逝世之时，何应钦将挽联亲自送至灵前，上书：

> 追随凡五十年，谊为部属，情若两家，语忆亲题，安危同杖，甘苦同尝，弥感深知蒙重任；哀思合亿兆众，世事方艰，大元顿远，全民奋起，团结自强，中兴复国，完成遗志慰公灵。

虽然年事已高，何应钦还是参加了蒋介石的大殓奉厝典礼，并且亲自护送灵柩前往台北市南60公里的慈湖。

86岁的何应钦在这里流下眼泪，当中的情感太过复杂，难以名状。

家的思念

八年抗战的岁月中，何应钦几乎都在军中度过，在何丽珠的儿时记忆里父亲返家是她最兴奋的时刻。“车子还没有到家以前，大概在 100 米、50 米外的时候那个司机就会按喇叭，按个几响呢，我们就知道是爸爸的车子回来了。我和那个副官两个就会奔出去接他。”和在军中较为威严的形象不同，在家中的何应钦是个柔顺的丈夫。“我爸爸有点儿怕太太这是有名的，这个怎么说呢，也就是我妈妈说什么他都是 Yes，典型的‘妻管严’。”

1916 年，何应钦 26 岁，在黔军总司令王文华的介绍下认识了他的胞妹王文湘，那年王文湘才 18 岁。出身名门望族的王文湘比何应钦小 8 岁，受过良好教育，知书达理。据说王文湘虽出身富家，却从无骄奢之气，性格温和，生活俭朴。1920 年，何应钦在昆明被刺客刺伤，生命垂危之际，王文湘日以继夜守护床前，亲自端水喂药。而在何应钦得罪蒋介石之时，王文湘也善于为其在国民党高层人士的妻妾中斡旋，尤其注重与宋美龄的关系。

王文湘终生没有生育，夫妻二人过继了何应钦弟弟的女儿为养女。据说曾有人劝何应钦纳妾生儿育女，但是被何应钦怒斥，夫妻感情由此可见。

军旅期间，家人的书信是何应钦最大的安慰。家中至今留存的那一张张的信纸，是当年何应钦写给女儿何丽珠的信。

珠儿如见，你双十节那天寄给我的信已经收到……

何应钦的女儿何丽珠

亲爱的珠儿，这几天因为工作太忙，没有工夫写信给你……

你要的飞机和洋娃娃，交给你的妈妈带来，想必你已经收到……

你的父亲　亲启

正如何丽珠所言，收到家书无疑是何应钦莫大的安慰，也正因此，妻女便常常写信给他，让他无论身在何处，亦感受到家的关爱和温存。

20世纪50年代，王文湘被医生诊断为患有乳癌，由于发现的时候已经是晚期，无法进行手术治疗，每年都需要奔赴日本求医，一直到1978年逝世。爱妻心切的何应钦除了陪伴在旁，也几乎承担了家里所有家务。两人的感情始终如一，据说到台湾后，由于何应钦各方面的应酬开支较大，王文湘曾托人暗中变卖饰物以应需要，不让何应钦感觉丝毫拮据。王文湘与何应钦同时皈依基督教，到台湾后每周四上午，何应钦夫妻都要在牯岭街寓所举行家庭聚会，王文湘常说："世人多讲现实，唯有信主，时与教友相聚，才觉得人生另有一种清新的境界。"这事实上也是对何应钦的一种安慰，希望丈夫少为她的病症牵挂。

王文湘的社会活动能力也很强。何应钦与蒋介石等人偶有嫌隙，王文湘便在权贵们的妻妾中周旋，更常与宋美龄在一起，借求教《圣经》的解说，替丈夫辩解、开脱。王文湘六十大寿时，宋美龄亲手绘制了一幅墨兰图，蒋介石于画上题"满座芳馨文湘夫人周甲荣庆"字样，赠给王文湘。这在国民党上层人物中，是一份不小的殊荣。

1978 年，对何应钦来说是一个特殊的年头，他顶着"国府"战略顾问的头衔参观台湾十大建设，这些昔日的老将领才再度被人们记起。在野外召开了露天的扩大记者招待会，一级上将被安排跟他并坐在一起。用何应钦的话说，"现在的新闻不止鼓舞兵，连上将都要鼓舞，要不然都

何应钦六十大寿与夫人合影

回家抽鸦片去了”。

到台湾后实则已失去政治舞台的何应钦早已忘却政治上的纷纷扰扰，但忘不了的却是家乡的一景一物。他时常禁不住对身边的女儿何丽珠说：“我们南京的花园的那棵树大概已经很高了吧，你应该帮我回去看一看。”那时的何应钦朝思暮想的仍旧是有天能够回去，再看上一看。

在妻子王文湘逝世之后，日益寂寞的何应钦更多地流露出了思乡之情。他经常在家接待来访的贵州同乡。大陆实行开放政策之后，只要身边有人前往贵州，何应钦总是委托他们为自己带回家乡的土特产，他们探亲回来之时，何应钦也必然会打听自己大陆亲属们的情况。何应钦书房中有一幅《泥幽风景图》，为张大千根据何应钦描述的贵州老家兴义县泥幽镇风景所绘。据说何应钦对这幅画极为喜爱，当中寄托的情感则是不言而喻。在何应钦这一代国民党大佬中，乡愁是他们不能说，或者，就算是想说也说不得的情愫。

1985 年 11 月 3 日，台湾贵州同乡会新的会馆启用之时，96 岁高龄的何应钦竟然出席活动并剪彩，同乡争相与他拍照，端坐太师椅上的何应钦任人排布，并无推辞。

90 岁之后的何应钦曾应台湾长寿会的邀请介绍养生之道，他归纳为三个方面：修养、生活、医药。曾有人评述说，如《文子》称的“太上养神，其次养形”。八面玲珑、明哲保身的何应钦，正是如此。

90 岁那年，何应钦用他的双手造出故乡的风景，请张大千画出贵州的山水，这是他对家乡最后的凭吊。女儿何丽珠回忆：“他（父亲）就一直说它那个地方的风景很好，所以就叫我的女儿用那个泥土啊，他说这里是个高山你就把它放到（那里），这里是个什么水，他就弄了一个他年轻的时候想到的家乡的样子，然后他就把这个（模型）拿去给张大千，张大千就画了他的家乡的画，后来我们把这个画捐给了故宫。”

何应钦 95 岁之时，台湾当局专门为他成立了“何应钦上将九五寿诞

晚年何应钦

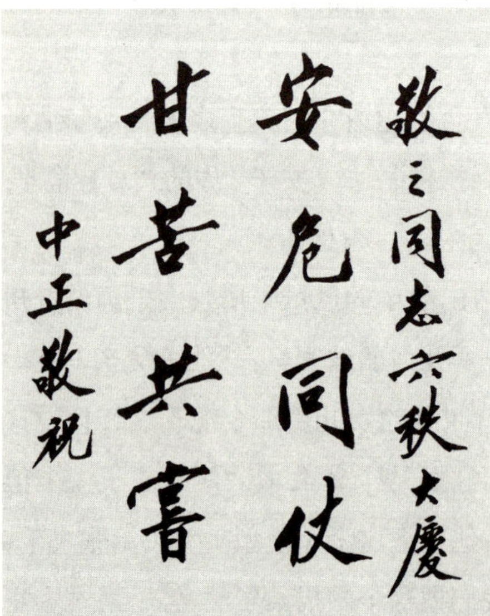

何应钦六十大寿蒋介石贺词

丛书编辑委员会”，并拨出专款为他出版12册丛书。由于他是黄埔军校成立时教导团的教官，台湾军方甚至为他冠上“黄埔老师”的尊荣。在随蒋介石自大陆赴台的将领中，得到如此尊崇的只有此一人。

何应钦曾对女儿何丽珠说：“先‘总统’时代，蒋公给予我的最大荣誉是抗战结束后在南京主持了受降大典；而来台后，经国先生给予我的最大荣宠是参加了我的九十和九十五寿诞祝贺。我这一辈子，得到了常人没有得到的东西，也应该满足了。”对于晚年备受冷落的何应钦来说，这大概也是唯一的慰藉。

1987年初，已经在台北荣民医院住了接近一年的何应钦病情开始恶化，虽然医生竭尽所能，希望用最好的药物和一流的设备延续其已经高达99岁的生命，但是何应钦依然没有走到人们期望的百岁门槛。10月21日上午，何应钦死于心脏衰竭。

何应钦逝世之后，同样百病

缠身的蒋经国发布“总统令”，要求何应钦的葬礼应当“饰终之典，务从隆厚，以似崇褒”，并颁赠“轸悼耆勋”的挽额。在蒋经国的命令之下，台北各界为何举行了隆重的公祭活动，可谓极尽哀荣。葬礼之后，何应钦被安葬于台北县汐止五指山“国军”示范公墓特勋区。

胡宗南

最后撤退的大将

1950 年 4 月初，台湾的东部花莲，这个背朝中央山脉、面向太平洋的寂静小镇里，来了“西北王”胡宗南。但这个消息却鲜有人知道。

现居美国的张政达 85 岁了，他是胡宗南的侍从参谋，从国共内战、迁徙台湾，一路追随胡宗南。他说，当时我们从西昌出发后，中途停留在台南加油，大家都以为会在台南停下来，结果却非如此，一群人加完油便坐飞机直达花莲，“到了花莲以后，我们就住在花莲宾馆，然而没有人来看胡先生”。

当年拥有 60 万大军的胡宗南，到花莲落脚时只剩下张政达等 6 名人员陪同。有一次大家在海边散步，刚到海边，胡宗南问身边人：“我们应该在什么地方自杀呀？这里真是没有意思啊！”

张政达回答说：“要自杀就在成都跟我们的那些部队一起自杀，这里就没有意思了，因为只有几个人了，没有什么意思！”

胡宗南听罢，叹了口气说：“我们不应该到这里来！”

失去西北西南，胡宗南心里是内疚的，所在面对着大海，他几次有跳下去的冲动。他觉得飞到台湾来，实在是太不得已了。

此时的胡宗南还心系着他在四川最后的一点人马。

1949 年 5 月，胡宗南接到蒋介石的密令，要驻扎西北的第一军弃守大本营西安。蒋介石让蒋经国拿着手谕，令胡宗南的部队放弃原定到台湾的计划，转而让他编两个快速部队，一个到重庆，一个到成都。就这样，第一军翻越秦岭，在半个月内走了 1000 多公里的路。毕业于胡宗南的王曲军校的刘燮林当时也随着部队到了四川。他说：“我们常讲最后的

1942 年胡宗南（后排左四）在重庆与各战区高级将领合影

四川作战，但是事实上当时我们不知道怎么回事，只是当时部队正在甘肃，两军对峙，结果突然要把我们这个部队调去四川。”

第一军固守成都，让蒋介石有足够的时间从成都撤离台湾，但此时胡宗南的心情十分复杂。他在日记上说道：

> 此次渝东作战，实为党国成败最后一战，若惜乎而不愿听命，恐无法再使用之时，实革命成败党国存亡历史荣辱　皆在此一举。

在此之前，胡宗南多次拟订作战计划，都被蒋介石否定。

1949 年 8 月，他先是与众多将领一起建议蒋介石坐镇西南进行军事指挥，以确保西南大片土地不被解放军攻占，民国政府有立足之地。但蒋介石表示，情势不便，不能久居。他又建议精锐部队有计划地撤往滇缅边界，并苦劝蒋介石，直说得老蒋面有愠色，才不敢再说下去。蒋介石说，西南是绝对不能丢的，如果放弃西南，则大陆必将完全丢失，国民政府的国际地位完全丧失。守住西南，将来可配合台湾和沿海岛屿反攻。蒋介石说，有海陆空军的国家是不会亡的，我们还有精锐的海陆空军 100 万，完全可以复兴。

胡宗南只得放弃原先的打算，开始部署对四川北部的防守。但是，11 月 18 日，胡宗南在汉中接到重庆国防部要求胡部全军加速入川的命令：“彭水昨已‘陷匪’，形势紧急，务望贵部主力于十日内转进成都平原。”

此时，解放军围歼国民党最后的战略集团的战役已经开始。解放军第二野战军刘伯承、邓小平和四野的部队进入川东，包围了重庆。

胡宗南立即下令各部迅速后撤分路入川。

11 月 19 日清晨，胡宗南又接到“总统府”军务局长俞济时从重庆打来的紧急电话，传达蒋介石的命令，要胡宗南立即将先行入川已到达广元的第一军用汽车紧急运送重庆，第三军开往成都新津。

蒋介石的命令打乱了胡宗南用兵的全部计划，特别是对要把他的兵力分散使用的主张颇不以为然，主仆之间爆发了激烈的争论。胡宗南用词之重，让蒋介石难以承受。也许是有一种失败的预感，他把当时与最高指挥机关的争议以日记的方式记录下来，以便在最终失败时能说得清楚。他回复俞济时说，这件事决不可能，万难办到。本部在川北无兵无粮无衣，川局内部的变故急需第一军赶到新津镇压，才能保障川北部队转进之完全。此招如错，全局皆败，决无挽回之机会。

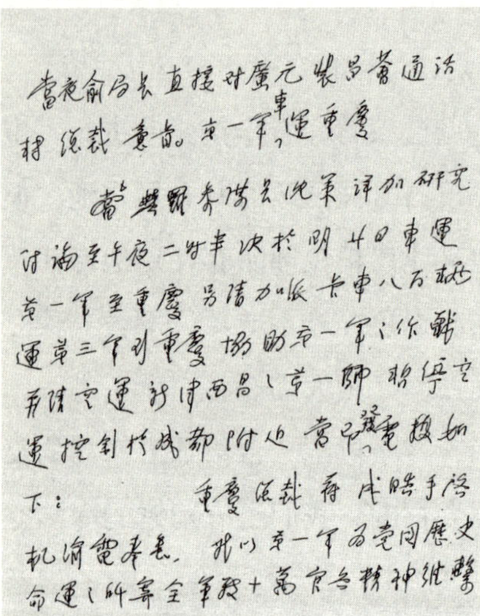

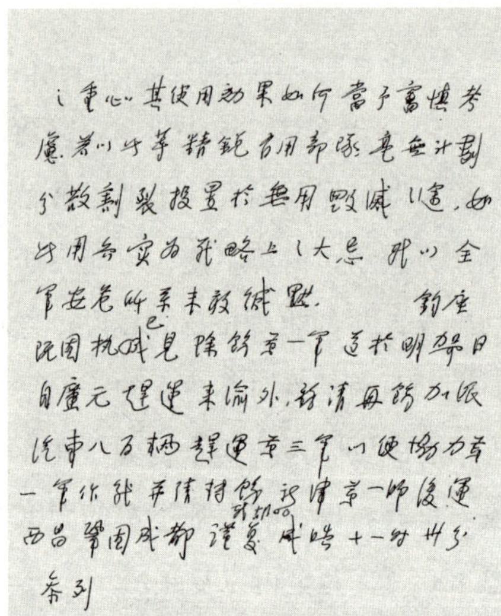

胡宗南给蒋介石的电报稿，称蒋的指挥犯了兵家大忌

当晚，他接到了蒋介石的电报：

闻弟对于第一军调渝甚为不愿，是或爱惜兵力以备决定成败最后之使用，余甚了解。惟中以为此次渝东决战实为党国成败之最后一战，若惜乎不愿听命调用，恐无再使用之时。实革命成败、党国存亡、历史荣辱皆在此一举。望仍遵令调用勿误为要。中正手谕。

紧接着，俞济时又发来电报称：

> 此次川东之战，总裁已有详密策划，宋（希濂）[①]、罗（广文）[②] 等部士气亦盛，颇有胜利把握。兄部第一军东调各方期望甚殷，惟闻兄有改调第三军之议，恐时间上形不成主力决战，且主力决战，应有强有力部队，否则影响全局成败，不但兄无以对校长，舆论之责难亦不可免。想兄素忠实服从，此次关系重大，望盼以校长之意皆为重，勿在请求更换，即饬行动为幸。

当晚，胡宗南与部下紧急商议到凌晨两点半，决定不仅完全按照蒋介石的部署办，还请求加派卡车 800 辆，运第三军到重庆协助第一军作战。

然后即刻向重庆发电称：

> 重庆总裁蒋：戌皓（11 月 19 日）手启机渝电奉悉，我以第一军为党国历史命运之所系，全军数十万官兵维系之重心，其使用效果如何，当予审慎考虑。若以此等精锐有用部队，毫无计划分散割裂投置无用毁灭之途，如此用兵，实为战略上之大忌。我以全军安危之所系，未敢缄默。钧座既固执己见，除饬第一军于明日自广元赶运来渝外，务请再加派汽车 800 辆，赶运第三军，以便协力第一军作战。并请转饬新津第一师后运西昌，巩固成都。谨复。

---

① 宋希濂（1907 — 1993 年），湖南湘乡人，国民党中将，时任第十四兵团司令官兼川湘鄂边区绥靖公署主任。

② 罗广文（1905 — 1956 年），四川忠县人（今重庆忠县）。国民党中将，时任第十五兵团司令官。

第一军是蒋介石起家的老部队，胡宗南本想在关键时刻与解放军打场硬仗，却不料被老蒋如此仓促派上阵去，他的痛心无以复加，但还是要服从蒋介石的命令。11 月 19 日夜间，胡宗南电令第一军军长陈鞠旅，在第二天早晨自广元将全军逐次车运重庆。胡宗南在电报中对陈鞠旅说："勤王之师，义无反顾。"

川东一战，胡宗南的部队除少数退往西昌外，大部分被歼。国民党军在大陆上最后一支主力战略集团约 50 万人宣告覆灭。

1949 年 12 月 10 日，蒋介石离开大陆前一刻，紧急召见胡宗南，要求他的部队稳住西昌局势，当时胡的第一军只剩下不到 1000 人。当年胡宗南王曲军校的学生徐枕回忆起当时的窘况仍唏嘘不已，"其实真正到西昌去的子弟兵没有多少人了，一路上全都是留下来的，而且都打散了，非常痛苦，没有补给，没有薪饷。没有弹没有粮，就这样死守了西昌 3 个多月"。

死守西昌之时，胡宗南又接到一份蒋介石从台湾发来的电报，要第一军转进海南岛三亚，此时的胡宗南陷入了两难。蒋介石不断跟他说，要他"回来算了"，但胡宗南始终不肯让飞机来。1950 年 2 月 23 日，飞机来了，他也只是交了包东西叫人给带回去，声言："今天我跟你们喝一杯，送你们走。"可是，飞机既然为接胡而来，接不到人自然不行，于是大家都等着胡宗南："你不走怎么行？我们怎么能走啊？"在一群人苦劝之下，勉强将胡宗南拉上了飞机。

1950 年 3 月 25 日，胡宗南搭上最后一架国民党派来的飞机离开大陆。胡宗南的离去，也宣告了国民党在大陆的部队全数瓦解。

其实在国民党军内部，不少人认为胡宗南不会打仗。胡宗南的手下有一个叫程福喜的人，他在内战中被俘后参加了解放军，并被送到朝鲜战场与美军作战。他说："胡宗南军队怎么能打？穿得就像军校出来的，又怕脏，又怕走路，娇气。解放军不怕苦，夜行军最厉害，一晚上能走百十里，他们怎么能打得过解放军。"

被老蒋重用的浙江同乡

胡宗南生于1896年，浙江镇海县人，是第一期黄埔军校生。进入军校时他已经28岁，加入军队的胡宗南很快地得到蒋介石的青睐，从军中的小少尉，一路参与东征、北伐、国军“围剿”，直到抗战。

据黄埔的学弟郝柏村回忆，胡宗南在黄埔第一期里是上升最快的一个人。尤其是到了抗战期间，在上海的战役结束以后，他一直都是在黄埔建军的第一师，也就是最基本的一个部队。“他先是在教导第一团，慢慢地扩充，从第一师到第一军，然后是集团军总司令，最后做到战区司令长官。所以他在我们黄埔的同学当中是首屈一指的。”

1945年抗战末期，胡宗南升为第一战区司令官，手下共有4个集团军、5个特种兵团，超过60万人，势力遍布陕西、甘肃、宁夏、青海，

1942年胡宗南陪蒋介石视察中央陆军官校

是当时人们心中的“西北王”。胡宗南王曲军校学生刘燮林回忆：“听他们一些老人家讲说人家都尊称他为‘西北王’，说他是西北第一把交椅！”

然而事实上，对“西北王”这个称号，胡宗南自己却并不喜爱，甚至相当排斥。他从不以“王”自居，非常反感记者。据王曲军校学生徐枕回忆说，曾有新闻记者给胡宗南拍照，并许愿说纯粹是私人留作纪念，绝不发表。照片拍完后不久胡宗南就在一个小报里看到了照片，极为生气，坚决注销了访问和照片，并言从此不再招待记者。

国共内战的末期，胡宗南心里清楚，他的第一军已经很难挽回国民党一再败退的颓势。原本计划和部属在西昌共存亡的他，万万没想到，从西昌避居花莲不到 1 个月，宁静的生活掀起了一阵涟漪，一场朝他袭来的政治风暴正悄然展开。

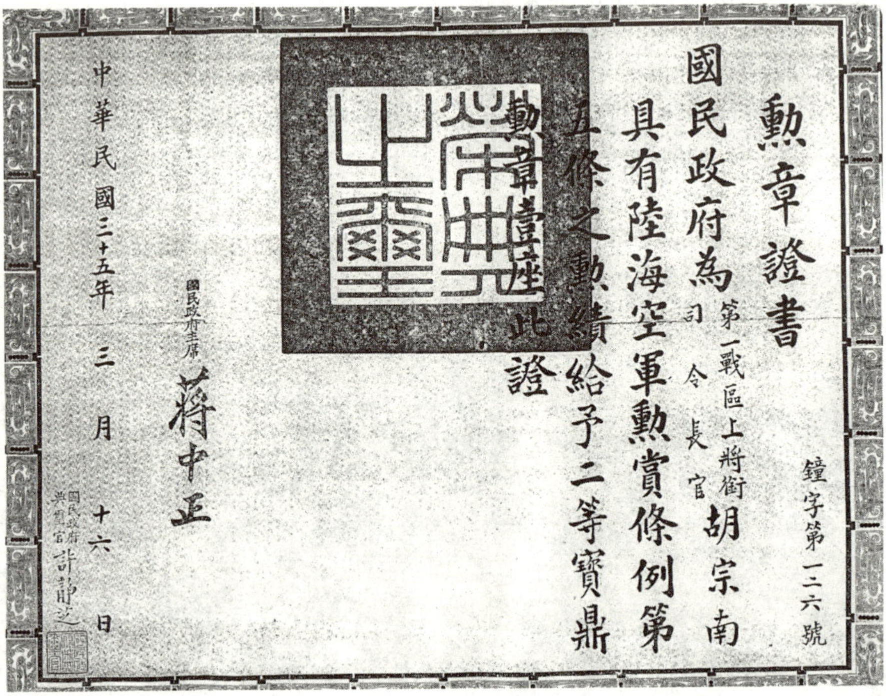
鐘字第一三六號

勳章證書

國民政府為第一戰區上將銜司令長官胡宗南具有陸海空軍勳賞條例第五條之勳績給予二等寶鼎勳章壹座此證

國民政府主席 蔣中正

國民政府典鑄官 許靜之

中華民國三十五年三月十六日

1946 年胡宗南获二等宝鼎勋章

1950年5月，国民党在台北的“监察院”内气氛诡谲，以李梦彪为首的45名“监察委员”正准备弹劾胡宗南，要他为失去大陆江山负责。刘燮林回忆说，那时候曾有很多胡宗南的部下闻况自发要去“监察院”闹事，却都被胡宗南一一压了下来，认为不可取，他说：“是非自有公论，假如应该我负的责，我当然要负责！”

选择沉默应对的胡宗南，从东台湾的花莲回到了台北，好友汤恩伯借了一栋房子给他，中山北路锦州街口的巷弄内曾经是胡宗南的办公所在地。

王应文的父亲是胡宗南的旧部，他回忆说：“大家都是胡宗南先生的部属，我们的父母大部分是从西北过来，胡先生自己没有过来，但是先把部属的家属都安排在现在这一带（一江公园附近）了。”当年一江公园附近此类日式的房舍共有四五十栋，上百名胡宗南的部属就住在这里。

一心考虑着部属的生计，胡宗南在台湾却没有属于自己的资产。王应文说起胡宗南当年对下属的体恤犹感慨万分，“我父母去胡宗南先生家里的时候，据说坐沙发都要小心，因为那个沙发太旧太烂，一不小心会给它坐摇晃或者甚至于垮掉的；同时窗帘也不能去碰，万一不小心，那个窗帘就会‘铿’‘铿’‘铿’地断好几截。胡先生他就是这么一个真正把一切心都放在部属和国家身上的人”。

的确，胡宗南的次子胡为善回忆起儿时的家里不仅没有“光鲜”可言，更甚之，同学家里全都有的电冰箱自己家里也没有。“有一天我回到家，看到当时的‘陆军总司令’罗列，他送了一个冰箱到我们家来，我看到这个冰箱兴奋得不得了，就围着那个冰箱跳舞，我就说我们家总算有冰箱了！我非常非常高兴！”

不想，第二天父亲回家时，看见冰箱却是和儿子截然相反的态度，他勃然大怒，立马就要求把冰箱送还回去。时至今日想起这些，次子仍心存遗憾：“送回去以后我们家又没有冰箱了，我就用了一天的冰箱！”

攻占延安的“功臣”

在大陆的时候，胡宗南可不会管家里那些鸡毛蒜皮的琐事。那时他快 50 岁了还没有结婚，说是“匈奴未灭，无以家为”，抗战胜利再说。

据说，毛泽东还曾开胡宗南的玩笑，当了战区的司令官长官 50 岁了，不要女人不结婚，他一定有毛病。但胡宗南却有着自己执拗的情感坚持，他曾说过，但凡还有一个日本人在中国人的土地上，他就不结婚。

抗战胜利，内战又起，胡长官还是没有顾上结婚。

1947 年 3 月，内战中的国民党因 8 个月的全面进攻没有收到预想效果，改变战略，秘密筹划重点进攻陕北与山东的中共根据地。

面对东北和华北连连失利的局面，胡宗南两次建议蒋介石先拿下延安，说是“擒贼先擒王”。蒋介石亦回问他两次：“你有把握吗？”胡宗南斩钉截铁地答：“有把握！”

胡宗南作为抗战的战略总预备队，在西北领率有 21 个整编师，约 58 万军队。相比之下，解放军西北野战部队仅有 5 个旅 5 个军分区，2.8 万余人。因此，蒋介石与胡宗南志在必得。

但是，就在胡宗南秘密制订作战计划，准备大举“闪击”延安的前 5 天，他突然收到了由人民解放军总司令朱德的明码电报，电报的内容让他如五雷轰顶：原来，这份电报竟然是他刚刚下发的进攻延安绝密军事部署。

为了挽救延安危局，中共迫不得已公布了潜伏在胡宗南身边的机要秘书、共产党员熊向晖发来的绝密情报。目的在于呼吁国际社会，制止这种企图消灭中共领袖与首脑机关的行为。

在发现身边要害部门有共党间谍，战略计划被公之于世的情况下，蒋介石拍板，仍按计划进攻延安。

毛泽东开始是不想放弃延安的。长征而来的红军在这里由2万多人发展到在全国拥有92万正规军和人民武装，如果这么快丢了“都城”，对中共全党全军的心理是一次重大的冲击。因此，他一度想力保延安。

此时，西北野战军负责人贺龙不在延安，彭德怀在危急情势下要求自己先负起指挥责任。3月17日，毛泽东批准由彭德怀指挥所有边区部队。但是，面对来势汹汹的胡宗南的20余万兵马，手上只有2万余人的毛泽东终于想明白了，不能以卵击石，还是要用老战术：打不赢就走。他决定放弃延安。

毛泽东那时有一辆吉普，撤退时第一天宿营，汽车伪装不好，车被子弹打穿，从此他丢了汽车改为徒步钻山沟。

1947年3月15日凌晨，胡宗南的第一军历经4天激战，攻进延安。今年已90岁的徐枕，是胡宗南在西北的部属。尽管时隔将近60年，他

毛泽东之座车遭国民军炸毁

仍记得攻进延安办公室的那一刻，“我抽屉里现在有把剪刀，是当年毛泽东所遗留下的用品。那个窑洞我当年是第一个进去的，什么都没有，只有一个烟灰缸，有一本书，有一杯茶，而且那个茶水还是温的，没有冷，这就表示毛泽东走的时候很仓促”。

夺取延安后，蒋介石晋升胡宗南为二级上将。抗战八年而不结婚的胡宗南感到功成名就，闪电般与相恋十年的未婚妻叶霞翟结为连理。他组织了一个记者采访团，带着记者把杨家岭、王家坪等中共中央办公地挨个走了一遍，到处拍照留影，庆祝胜利。不仅如此，他还要经营延安，办市场，搭戏台，声称要把延安变成比庐山还要著名的避暑胜地。更让人大跌眼镜的是，他宣称要在延安为蒋介石修建行宫。

但是，他的庆祝活动太早了一点。

延安是共产党经营了十多年的老根据地，胡宗南虽然占领了延安，但共军的主力部队却不战而走。面对坚壁清野和四处密布的地雷，他企图找到共军主力时，只能采取“蛇蜕皮”战法。这种战法，正式的说法是胡宗南通令全军规定的“方形战术”，实行宽正面集团式的“滚筒”前进：交替掩护，前锋变后卫，后卫变前锋。这使他的行动缓慢而又容易暴露行动企图。

而解放军则采取“蘑菇”战术，针对胡宗南急于寻求决战的心理，以小部队与之周旋，疲惫、消耗、饿困对方，肥的拖瘦，瘦的拖垮。彭德怀派出地方部队伪装成主力，利用胡宗南急于同共军主力决战之心理，反复诱敌深入，远调敌军主力前出至绥德后，在距离延安不远的青化砭、羊马河、蟠龙三地连续打了3仗，使胡宗南的部队损失1万余人。

但是，胡宗南也不是吃素的。

1947年6月，针对胡宗南主力在蟠龙、青化砭一带休整，准备发动新一轮攻势的态势，彭德怀、习仲勋出击甘肃东部的庆阳、合水的马步芳、马鸿逵部队，想调动胡宗南主力增援，从中寻机歼敌。就在西北野

1947 年 3 月，胡宗南攻下延安重要据点甘泉后，与守城指挥官合影

战军出击陇东之际，胡宗南指挥董钊、刘戡军主力，猛扑龙安、安塞等地，剑指中共中央机关与毛泽东的隐蔽地点。有一次，刘戡先头部队距离毛泽东的驻地只有一个山头，他们发现毛泽东睡过的被窝还是热的。一时间，毛泽东的处境变得相当危急。

1947 年 8 月，西北野战军集中野战军 8 个旅夺取榆林，但因胡宗南派部队快速增援，只得撤围榆林。胡宗南判断这是共军主力“仓皇逃窜”，即令其整编第二十九军军长刘戡率 5 个旅向葭县（今佳县）急进，将毛泽东、周恩来等率领的中共中央机关和西北野战军被挤压在葭县、米脂、榆林三县间南北三四十里、东西五六十里的狭小地区内。那一次，胡宗南差一点就得手了。

1948 年 2 月，彭德怀率军攻打宜川，胡宗南令刘戡率第二十七师和第九十师两个整编师快速驰援，刘戡增援不力，导致国军整编第七十六师中将师长廖昂以下 8000 余人被歼，胡宗南大怒，给刘戡以警告处分。

所以，此次刘戡不敢怠慢。

2 月 26 日，胡宗南指定刘戡走经瓦子街的洛宜公路，但刘戡的先遣队发现这里有中共大军埋伏，刘戡提出了先集中力量打观亭，然后由观亭前往宜川解围。但这一建议被胡宗南否决，他仍要该军“按照原定计划，沿洛宜公路迅速前进”。刘戡听后情绪激动：“算了，打完了事！”

2 月 29 日，刘戡部队在大雪中被解放军切断退路。

3 月 3 日，刘戡兵溃，自杀身亡。

刘戡是黄埔一期生，解放军元帅徐向前的同学，29 岁就被授予陆军中将军衔。这位进攻延安的急先锋，差点将毛泽东逼上绝境的将军做梦也没有想到，自己会落一个在“土八路”面前掏枪自杀的结局。

蒋介石于 1948 年 3 月 2 日的日记中写道：“宜川丧师，不仅为‘国军’‘剿匪’最大之挫折，而且为无意义之牺牲，良将阵亡，全军覆没，悼恸悲哀，情何以堪？”

国民党在《戡乱战史》中说：“是役，自刘戡军失利后，关中空虚，被迫抽调晋南、豫西大军至关中，以致造成晋南开放，临汾被围，洛阳失守，伏牛山区共军坐大之局面。”

美国政府认为，“攻占延安曾经被宣扬为一个伟大的胜利，实则是一个既浪费又空虚、华而不实的胜利”。

1948 年 4 月 21 日，解放军收复了胡宗南因兵力空虚而主动弃守的延安。

此时，一直被国民党追着打的“共匪”已经有了进行战略决战的力量。这一时期，国民党军总兵力为 365 万，能用于机动作战有 174 万。解放军总兵力 270 万，其中野战军 149 万。

蒋介石为应对不利局面，在战略部署上作出重大调整，决定将作战重点置于黄河以南、长江以北地区。在这一地区内，组织强大的“进剿”兵团，猛烈“追剿”解放军。在东北，“彻底集中兵力，确保辽东、热河以巩固华北”。在西北，建立一个“独立作战地带”，组成若干机动作战兵团，加强主要城市的守备兵力和防御工事，达到战略要点“啃不烂”，增援兵团“吃不掉”。

为应对国民党军的战略调整，毛泽东在西柏坡召开政治局会议，规定在解放战争第三年歼敌正规旅（师）115 个左右，他给西北野战军分配的指标是歼敌 12 个师，钳制胡宗南，使其不能实现战略机动。

放弃延安后，胡宗南仍有 40 万人，因为战线缩短，机动能力反而增加了。

对手彭德怀深知胡宗南的用兵方法，他强调解放军要克服弱点：“我军打阵地战……一打到几十里纵深，指挥一入纵深就乱了。”还提出要学习攻坚，“消灭几十万、几百万的敌人是从消灭一个班、一个排、一个连开始的，是从消灭一个王八窝和小据点开始的。”

1948 年 8 月 15 日，毛泽东电告彭德怀：“九月起全国各区均将有大战，希望你们能配合。”据此，彭德怀发起了荔北战役，吃掉了胡宗南的 3 个整编师。紧接着又发动冬季攻势，全歼胡宗南部第七十六军 3 万余人。

事实表明，胡宗南不是彭德怀的对手。

1949 年 4 月 24 日，华北解放军在彭德怀的配合下，强攻太原得手，随后，解放军第十八、十九兵团等部共 20 余万人，分批进入陕西，使西北敌强我弱的格局彻底改观。

5 月 17 日，胡宗南按蒋介石的命令全线西撤，这位攻占延安的国民党军上将不仅丢了延安，最后连西安也丢了。

“反共救国军”总指挥

国民党丢了大陆，撤退台湾后，“反攻”就成了国民党军将领们不得不说的话，不得不做的事。

1950 年 6 月，朝鲜战争爆发，蒋介石心中有了新盘算，他必须寻找一名最得力的助手，去“反攻大陆”的前哨阵地组织“反共”部队。

胡宗南的侍从参谋张政达说，以当时的情形胡宗南并不想到大陈岛去，他曾经跟他一个部下讲过，“我在大陆已经失败一次，我到大陈岛就不能再失败！”

就这样，怀着忐忑的心情，在台湾待了不到一年的胡宗南，化名“秦东昌”，秘密地前往浙江沿海的大陈岛，担任“浙江反共救国军”总指挥。对于他的化名，当时游击训练计划成员屠由信解释，倘若用原名去的话会被很多人认出，而他此番毕竟是奉上面的命令组训游击队，更多的是希望能够在当时撤退的情况下在大陈岛的附近稳住脚步。

屠由信说，三餐温饱是当时胡宗南必须解决的第一道难题。“我们吃那个青菜汤，盐水泡饭，吃游击队的伙食吃了 1 个月。到了第 2 个月开始，就连那个木马也跳不过去了，那个高度也跳不过去，体力没有了。”

20 世纪 50 年代初，大陈岛是浙江沿海唯一在国民党管辖区域的岛屿。当年美国中情局以西方公司的名义加入了游击队的训练行列，代表国民党的胡宗南得细细拿捏彼此合作的权限。屠由信回忆说，“我记得他当时讲你们这样做不对，你应当先来看我，看我要训练这个游击队怎么个训练法，然后你再去同西方公司来编写。这么一讲以后，我看到利瓦伊钧感觉到不大对了。那会儿胡先生有个毛病，就是一有事情就站起来，

所谓“浙江反共救国军”

手一插口袋就开始走路。”

就这样，不到半年的时间，胡宗南就将原本散漫、毫无组织的小游击队整编成6个陆上游击队、1个海上突击队，共2万多名兵力。从1951年到1953年，胡宗南亲自领军的游击战多达39次。屠由信说，当时，每次游击队打仗，无论100人还是200人，胡宗南都必去无疑，非但要去，还一定要上岸。

但是，这种小规模的边防战斗对于大陆200多万正规军来说，无异于杯水车薪，难成气候。在一次战斗中，胡宗南接到了来自台湾家中的讯息，家中又添了一个新娃儿，当时，胡宗南已经56岁了。这位黄埔第一期将领，对于自己的婚事始终做着保留。

杭州姑娘叶霞翟

1937 年春天，西安事变后不久，41 岁的胡宗南在好友戴笠的介绍下认识了杭州姑娘叶霞翟，那时她还是个大三学生，两人足足相差 18 岁。后来叶霞翟还将两人的爱情故事写成书，而这一切的姻缘其实都缘起于一张胡宗南的照片。

早在学生期间，叶霞翟就曾看到过一张胡宗南的照片，面对影像当中的革命军人，她非常心仪。再后来，她报考了警官学校，警官学校的老师不是别人，正是胡宗南的好友戴笠，胡宗南之子胡为真说："父亲来看他的好朋友的时候很自然地遇见了我母亲。"

1947 年 5 月胡宗南与叶霞翟结婚照

再后来中国全面抗战，叶霞翟被戴笠送到美国读书，离开中国之前，她收到了胡宗南的亲笔信：

“吾妹，此次远渡重洋，去国离乡之感，美国儿女之情，离愁密密，思绪纷纷，梦寐劳神，感慨必多。兄因职务在身，未能亲来话别，尚希旅途保重，俾免悬念。”

抗战期间，胡宗南对这段恋情始终保密。

当时，胡宗南和陈诚是蒋介石最属意的两位接班人。宋美龄认为能够接管政权的可能性最大的人莫过于胡宗南，而当时年近 50 岁的胡宗南还是个单身汉。

胡宗南的部属孔令晟回忆起往事仍旧忍俊不禁，“这个情势蒋夫人看得是很清楚的，于是她就拉拢关系，介绍孔二小姐给他们认识。那时候蒋夫人的地位是不得了的，结果胡宗南偏偏就整她了，他就带着孔二小姐爬山，可把孔二小姐整惨了。”

宋美龄介绍的孔二小姐，是孔祥熙的二姑娘孔令伟。胡宗南到重庆去见面时，故意穿士兵衣服，跟宋美龄委托的说媒人说，在抗战期间不谈个人婚姻问题，不结婚，理由是，“匈奴未灭，何以家为？”所以，胡宗南在抗战期间，一直没有结婚，以免违背对宋美龄，实际上也是对蒋介石的承诺。

1947 年 5 月，胡宗南攻占延安后，人在南京的未婚妻叶霞翟收到了来自西安的电报。原来，胡宗南准备结婚了。为了结婚，他自己动手粉刷窑洞。部属看见了都跟他讲，叫两个士兵来弄一下即可，不料却被胡宗南一口拒绝，“这是我私人的事情，怎么可以叫士兵来做？”

据当时参加过的婚礼的王曲学生回忆，年已 52 岁的胡宗南是在西安南郊王曲青龙岭招待所结的婚，那场“婚宴”总共 8 个菜，8 个人，就在窑洞里头那么吃了一顿，既没什么客人也没有什么隆重的仪式，甚至事前什么人都不知道。一直到要“举行婚礼”那刻了，和胡宗南相识的

胡宗南夫人和子女

一个"秦先生"方才买了两根蜡烛来，此时来参加的七八个人才知道"司令官要结婚了！"

胡宗南结婚以后，1948 年 3 月 27 日，上海的《观察》周刊发表《现阶段的战局总检讨》一文。文中说，"胡宗南这个神秘的不娶将军，居然因为延安攻下，素志得偿而结婚了（抗战胜利时他并没有结婚）。他该是如何兴奋高兴，以为从此西北可以稍安了，十年戍守自此可以稍松一口气。哪晓得当时就有晋南富饶之区的易手，山西人讽刺他是以一只肥牛换来了几条鸡肋。中共中央始终没有离开陕北，新华社广播电台还在那里呼喊。"

《观察》周刊不幸言中，胡宗南的结婚日对于他的军旅生涯来说，是一个由盛转衰的暗喻。

胡宗南仅仅度过 3 天的蜜月，便又回到了延安的"剿共"战场上。

而这之后，他便一败再败，"西北王"反被毛泽东赶出了西北。

为“反共”不惜与日本战犯合作

1953年7月，朝鲜战争结束前夕，蒋介石的“反攻”计划也随之破灭。回到台湾的胡宗南，内心疲惫至极，此时位阶已经不在他的计算中。侍从参谋张政达回忆：“当时在锦州街，王叔铭几乎天天来，有一天他跟我讲说，张参谋，你们快要有事情做了！我说什么事情啊？他说，我今天给他做简报，‘总统’要叫他当参谋总长！我跟他讲空运方面的事。我一听就很开心，我们也可以做事去了。可过了两天便没消息了，我去问王叔铭，王将军啊？怎么回事了？他回答说，没办法，你们的老板不肯干！”

胡宗南离开大陈岛一年多后，国民党军从大陈岛撤离。后来部属为

1952年胡宗南与孙立人于大陈岛合影

了纪念他，将相关文物设立一间纪念馆，置放在马祖的东引。

就在大陈岛的记忆还在胡宗南部属的心里回荡时，胡宗南早已抛下“浙江反共救国军”总指挥的身份，起身前往台湾另一个偏远的离岛——澎湖，展开他人生的另一段旅程。

位于台北的石牌小学，在 1953 年时曾经是日本白团训练国民党将领的秘密军事学校。胡宗南之黄埔学弟郝柏村回忆，当时“总统”（蒋介石）就是鉴于大陆军官学校的失败，故而由冈村宁次召集了从少将到少校的一些日本二次大战的军官，无外乎都是日本陆军大学毕业的，那时相当于乘坐渔船“偷渡”到了台湾，前来给将领们“秘密培训”。

当年黄埔十二期的郝柏村，正是在这里遇到了黄埔第一期老学长胡宗南，两人成了同班同学。事实上，胡宗南对于军事教育训练并不陌生。1938 年抗战初期，胡宗南在西安成立中央军官学校第七分校，又称王曲军校，专事培养抗战的军事干部。当年北京大学的高才生孔令晟就在那时进入了王曲军校，加入了胡宗南的抗战行列。“我是选择胡宗南的一个部队，当时叫作预备第七师，他成立干部训练班就是要去打仗去的！”

低调清贫

即使身为全国知名人物，这位在西北的抗日将军还是过着低调的生活。郝柏村回忆当时的胡宗南在大家的谈论当中始终属于生活严谨，甚而略带神秘的人物，也很少“曝光”：“我们没有到台湾来前，几乎从未看到过他的照片，不认识这个人。”

回到台湾的胡宗南内心疲惫至极，此时位阶已经不在他的计算中。从大陈岛回到台湾后，胡宗南还是习惯军中的生活模式，只有假日才返回家人的身边。儿子胡为真回忆，“我很少看到父亲，每次他好不容易回到家的时候，我都可以看到母亲的那个兴奋之情，她很高兴，嘘寒问暖，这种时候我们小孩子在旁边都似乎是多余的了。”

尽管和家人相处时间不长，胡为真的记忆里父亲的话语总是那么

1957 年，胡宗南与美军顾问团团长鲍尔合影

清晰可闻：“有天父亲把我叫住，问我将来想要做什么，我马上就不假思索地回答说要像他一样做个军人。父亲当时并没有点头，仅仅是微笑了一下，而后就用庄重、缓慢而又不失坚定的口气跟我说，‘你要做大丈夫！’”

1955 年 9 月，回到家里才一年多的胡宗南再次离开妻儿，前往澎湖担任“澎湖防卫司令官”，扛起军人的职责。胡宗南将薪资的三分之二给了部属和部队，最后的三分之一才留给家人。儿子胡为真回忆那几年里，母亲每每在家中接到澎湖寄来的父亲薪水时，都觉得不够，但家中 4 个兄弟姐妹，所需的家用并不少，却只见薪水少，“这可怎么办呢？于是我母亲就想要赚一些额外的钱，于是她就想办法写稿，第一次投稿的时候，稿子被退稿了，我记得她脸色马上沉了下来，就回到房间里去不出来，我跑到房间里去看我母亲，结果一看，她正在那里哭。”然而即便如此，胡宗南的妻子叶霞翟还是无怨无悔地支持在前线的丈夫。

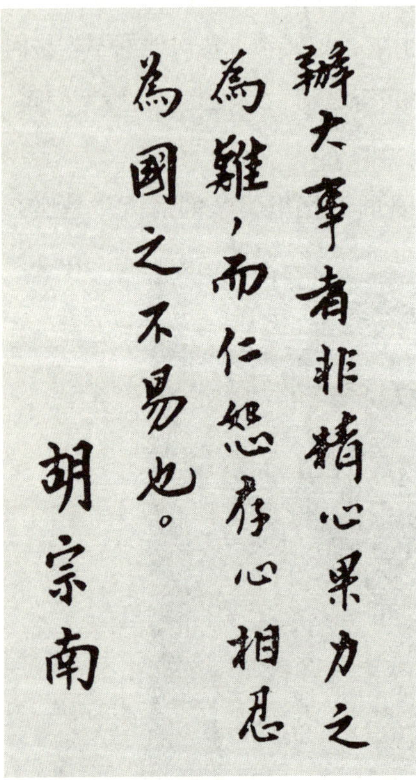

胡宗南遗墨

1959 年，胡宗南在澎湖任期 4 年后正式退休，结束了长达 35 年的军旅生活。然而很快他又进入“国防研究所”，再度当起学生。“学生”胡宗南专门在房间里面摆了一个黑板，上面写着英文单词，但凡有空闲就对着黑板背诵起来，毕竟是“半路出家”的学生，英文的发音也不一定标准，每到此时，妻子都会纠正，而胡宗南也耐心地跟着纠正，认真地跟着念起来。

不想，当起学生的胡宗南，和家人相处还不到 3 年，一向身体硬朗的他，竟忽而一病不起。据胡为真回忆，病疾起于心脏，养病期间的胡宗南常常咳嗽得很厉害。蒋介石也曾携夫人前去探望病中的胡宗南，使他感激备至。“父亲生病咳得很厉害，蒋公跟夫人来看他的时候，他立刻就坐起来，非常感谢地说，‘总统你来看我’，再后来，蒋夫人还为他的安康祈祷，我父亲感动得眼泪都掉下来了。”

1962 年 2 月 14 日，农历过年期间，胡宗南因心脏病发，病逝台北荣总，享年 66 岁。

现如今，胡宗南去世已经超过 55 个年头，然而已年迈的王曲学生们，依旧唱着黄埔的校歌，每年为他举行纪念仪式。

胡宗南在台湾唯一的那尊铜像，现如今静静地矗立在澎湖林投公园里，就如同胡宗南在台湾的生活岁月：曾留下痕迹，却从不张扬。宦海浮沉，虽说时代决定人的命运，但是人的意志却可以决定命运的内涵。

吴稚晖

天道自然

老狗、小丑，还是思想家？

公元 1953 年 12 月 1 日。

中国南海大、小金门海域，碧蓝的海水激越汹涌，一如金门机场上黄沙滚滚，大自然正以其真实面目在送别一位平生尽显真性情的民国元老。

一叶渔舟载着一支送葬队伍。12 时整，距渔舟不远处的军舰上一阵枪鸣过后，哀乐大作。仪式由一位身着军服的中年人主持，与殇者亲属一道手执粗绳，将一灵椋沿船舷缓缓放下……灵椋上刻着亡名：吴稚晖。这是台湾当局遵照吴氏遗嘱举行的海葬仪式。蒋经国亲自主持仪式，因为吴稚晖是他一生最倚重的老师。

吴稚晖到台湾 4 年后，1953 年 10 月 30 日晚 11 点 28 分，病卒于他一生的政治盟友蒋介石生日前一天。有趣的是，蒋介石死后立铜像，立了一个陪祀铜像，即吴稚晖。

迁徙到台湾的民国名流中，最有故事的当属吴稚晖。他怀揣中西文化，脚踏政治、文化两条船，复杂而独特。他是孙中山的朋友，三民主义的忠实信徒，却为无政府主义张目。他雄辩滔滔，又信口雌黄。他遭共产党恨，国民党骂，到处得不到好脸色。汪精卫骂他“昏庸老朽”；冯玉祥斥他“变节为一人之老狗”；章太炎骂他是“康有为门下之小吏，盛宣怀校内之洋奴”；周恩来称他为“小丑”。也有人偏偏爱捧他的臭脚，蒋梦麟说他是中国学术界一颗光芒四射的彗星，胡适称其为中国近三百年来四大反理学思想家之一。

吴稚晖，江苏武进（今常州）人。早年就读于江阴南菁书院。1897

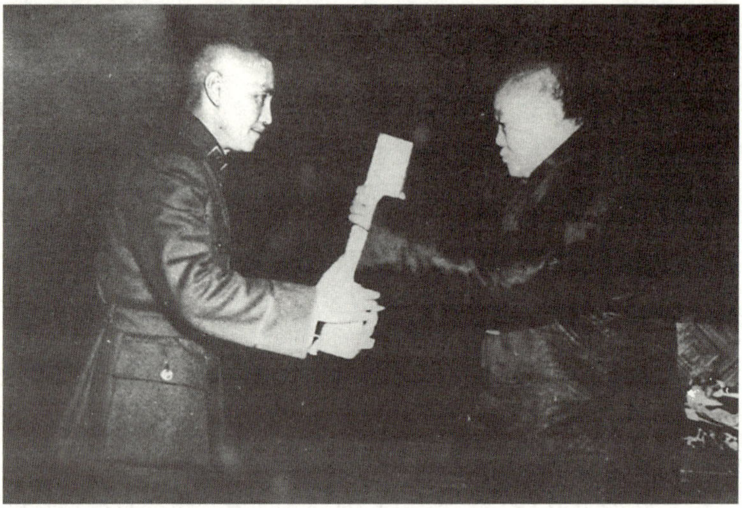

吴稚晖向蒋介石递交《中华民国宪法》

年任教于北洋大学，次年执教上海南洋公学。1901 年 4 月东渡日本，就读日本东京高等师范。1905 年冬参加同盟会。1906 年在巴黎参与组织世界社。1911 年武昌起义后归国，授教育总长职不就。1913 年任教育部读音统一会议长，参与创办《公论》日刊，进行反袁斗争。1921 年出任里昂大学中法校长。1924 年出席中国国民党第一次全国代表大会，当选为中央监察委员。此后一直追随蒋介石充当“反共”先锋，是鼓动蒋介石“清党”的始作俑者。

1946 年，南京国民党政府在南京确立了《中华民国宪法》，随后蒋介石当选“总统”。吴稚晖作为制宪代表主席，将《中华民国宪法》递交给蒋介石。这个历史时候所拍摄下的照片，至今仍然是台湾历史教科书里的重要图片。但在今天，他已经很少被人提及。不过，如果想了解民国历史，他却是一个绕不过去的人物。

砖砸县太爷 跳河偏不死

吴稚晖生于小商人家庭，天性顽皮，曾爬上邻居家的烟囱拉屎，还在道士做道场的大茶壶中撒尿。7 岁入蒙馆，屡吃先生的戒尺。十五六岁时，家境骤窘，往往断炊，夜卧绳床，老被寒如铁，唯学习十分刻苦，希望博取功名来改变自己的人生轨迹。

为谋生，18 岁时吴稚晖自设学馆授徒。22 岁，中秀才。24 岁，以古学第一名的成绩考取江南最有名的江阴南菁书院。1891 年，吴稚晖参加乡试，虽然诗写得一般，但却用篆字写就，获主考官青睐，中举。次年赴京参加全国会试，名落孙山，以后再没有参加科考。

甲午之后，知识分子闹变法，康有为"公车上书"之后，同为举人的吴稚晖慕名去见康有为，说起中国之病，公推"八股""鸦片"和"小

着西装年轻时的吴稚晖

脚”（缠足）为三害，由是约定，大家不再参加科举考试。3年后，吴稚晖老实地遵守了约定，没有下场，可是康有为和他弟子梁启超却照考不误，康有为还中了进士。吴稚晖一怒之下，一度愤而“反动”，故意跟进步潮流唱反调，为难追求新思潮的学生（时吴在北洋学堂教书），好不容易才回过味来，死活也不肯在北方跟康梁们一起干了，跑到家乡，另起炉灶。后来吴稚晖从康党变成革命党，估计跟这次“上当受骗”很有关系。

年轻的吴稚晖还干过两件“大逆不道”的事儿。一是当任的江阴知县过孔庙不下轿，吴稚晖认为父母官“非圣无法”，有辱斯文，率南菁书院同窗钮永建等向轿内投石块和砖头，砸得知县鼻青脸肿，喝令衙役将吴稚晖捉回衙门。按《大清律例》，举人与知县同级，后者捉拿前者有违“王法”。南菁书院院长黄以周据理抗争。那知县也识趣，自知过孔庙不下轿理亏，拘禁吴稚晖更是罪加一等，且事闹大了，恐对仕途不利，便向吴稚晖道歉，并用那顶轿子将吴送回，就此息事宁人。另一件事是：江苏学政杨颐走马上任后，宴请亲朋时公然坐画舫，吃花酒，征歌取乐。吴稚晖认为一省最高教育长官如此粗俗，有失体统，败坏士林风气。他便邀集田其田等人，穿四开裤、箭袖袍，头插松枝胡萝卜，手持草纸，扮作一副滑稽相，在大庭广众之下拦住杨颐狂呼：

吴稚晖与父亲、儿子、女儿在一起。那时还是大清王朝

“生员叩见大人，请赏花酒三杯。”说完故意跌倒在地，四肢朝天，引路人注目，出杨颐的丑。殊不知，长官是不好得罪的。吴稚晖屡给南菁书院惹麻烦，被院方取消了学籍。但他旋即又考入苏州紫阳书院。

吴稚晖好打抱不平，自言毕生把“实事求是，莫作调人”当座右铭，不随波逐流，敢出头，很有天马行空的味道。吴稚晖带头大闹中国驻日公使馆，使他一夜成为学界大闻人。自“戊戌维新”失败后，赴日留学者热衷学习军事。1902 年，江、浙、赣有 9 名自费生申请入成城学校（有军官摇篮之誉）学习陆军，驻日公使蔡钧本应提供担保的方便，但他虚与委蛇拒办。吴稚晖左右斡旋无果，与陆揆钧率 26 名留学生大闹公使馆。蔡钧斥他们“纯是目无纲纪，无理取闹”。吴稚晖不示弱，嬉笑怒骂讽刺挖苦。蔡钧恼羞成怒，枪打出头鸟，暗中勾结日本警局，拘禁吴稚晖等人一夜。日警以“妨害治安罪”为名逐吴出境，限当日返国。“士可杀不可辱”，吴稚晖下决心以死抗争，写下绝命书：“信之已死，明不作贼，民权自由，健邦天则……孔曰成仁，孟曰取义，亡国之惨，将有如是。诸公努力，仆终不死。”翌日晨，日警将吴押往火车站。途中路过一孔桥，吴稚晖趁其不备，愤然跃入河中，但很快即被日警救起，硬行遣返。临上车时，数百名留日学生为其送行；时在横滨的梁启超亦赶来话别；正在日本游历的蔡元培怕吴稚晖仍想不开，伴他回国。梁启超马上将吴稚晖的“以死殉国”事件，刊布在他主办的《清议报》上：“吴君之被捕也，以为士可杀不可辱，欲以一死唤醒群梦，引起国民权利思想……”吴稚晖由此一举，大名远扬。

“名骂”舌如簧，“清共”急先锋

吴稚晖富辩才，其如珠的妙言，能把稻草说成金条，能使死人开口，也能把活人笑死。他是民国的“名骂”。

吴稚晖年轻之时，也曾经想到做文人，如孔老夫子那样，在词林文坛里头，有一席位。1896年6月，他去北京参加会试，名落孙山。懊恼不已之际，一位丹阳朋友在他出门时，写了一张字条放在他的桌上，劝他说：“学剑不成，学书不成，勇而无刚，朝经暮史，三十之年，胡乱混混。”他看了更加懊丧，便产生了扔掉那劳什子文史的想法。过了一年，他在家乡的地摊上，偶尔看到一部名叫《岂有此理》，又叫《何典》的书，书的开头两句便说：“放屁放屁，真正岂有此理。”吴稚晖只看了这两句，忽然大彻大悟，决计薄文而不为，不做那酸腐不堪的文人。从此，“有话直说，有屁直放”成了他的文章法典，文章中充满俗语俚词，甚至连生殖器官都可搬上做武器，令世人大跌眼镜。比如慈禧太后死的时候，吴稚晖写文章咒骂，要李莲英伸手扪慈禧太后“干瘪的乳头”，全然不顾读者的感受。

刘半农分析说：一层是此书中善用俚言土语，甚至极土极村的字眼，也全不避忌；看的人并不觉得它蠢俗讨厌，反觉得特别有趣。在吴文中，也恰恰如此。

二层是此书中所写三家村风物，乃是此前什么小说都比不上的。在吴文中碰到写三家村风物时，或将别种事强拉硬扯化作三家村事物观时，也总特别的精神饱满，兴会淋漓。

三层是此书中能将两个或多个色彩绝不相同的词句，紧接在一起，开滑稽文中从未有过的局面。如上句说“肉面对肉面的睡在一处”，是极土的句子，下句却接“也觉风光摇曳，与众不同”，又是一句极飘逸的句子。这种作品不是绝顶聪明的人是弄不出来的，吴稚晖却能深得此中三昧。

四层是此书把世间的一切事事物物，全都看得米小米小，任凭你是天皇老子乌龟虱，作者只是一律看作什么都不值的鬼东西。吴稚晖正是奉行这样的态度。

1907 年，吴稚晖、李石曾等共同在法国创办《新世纪》，鼓吹革命，发表大量“排满”文章；吴用对话体写《卖淫实状》，把慈禧太后说成一个比娼妓还下贱的淫妇和恶魔，污秽到后来笔者不敢征引。他把皇帝称为“畜生”，称清朝皇族为“长白山中野狗”；称朝廷上下全是“贼皇狗臣”，是耗子，是痨虫，是鳄鱼。称张之洞、袁世凯为“狗头名士”，骂康有为、陈宝琛等是“挟有另一类骗法的痞棍，昼伏夜出”；骂罗振玉“专贩国粹”“造假古董”；骂郑孝胥勾结奸商，“专吃回扣……”

1908 年 11 月吴又发表《臭皮囊》一文，评论光绪帝的死和宣统帝的继位：“张之洞之徒，必悉置中国之前途于不问，而以一身系爱新觉罗氏之安危，又取一二岁之小孩，坐于聚义厅之虎皮褥子上，为彼等磕扁老死人头之主义。一毫无智识、本性温良之载沣，又奉之为摄政王，使其执强盗之刀。彼老娼那拉氏死后两日，其弟之女，新皇太后者，亦狡亦黠，第二之贱娼也。专为一食乳小儿，一诈黠小娼妇后日之衣食，遂不恤事四百兆人浮沉于进步不能进步之地位。执笔三叹，所谓张之洞等，曾讲学问，不知其所为何学也。或者即孔丘之吃粪之学而已。即为爱新觉罗氏计，果然保其万世一系之皇统，亦不过使彼之子孙永远做猪做狗，有如载湉，一臭皮囊拆去一张床铺，空出一间房间而已。故若人念着良心，亦不必为其子孙谋一如此无聊之生活，以蠹害世界，而且害其子孙。”

慈禧、光绪卒后，他撰文讥讽：“独闻狐后鼠帝之死，淡然不知可悲

为人证婚的吴稚晖

之故。有如溽暑夜卧，暗中摸索，得一物焉，以其扰人清梦之可恶，以两指捻毙之。闻其余腥，使我喉中作恶不止。此物何耶？即最污秽最不足惜之毒虫也。”他称慈禧为狐后、光绪作鼠帝，而将其死比作捻死两只臭虫。

吴稚晖是从八股堆里爬出来的，但他不屑国故与国粹。他提倡物质文明，科学救国。他说，“我是深信达尔文进化论的，人类一定要进化的。”他在《箴洋八股化的理学》中抨击国故说：“这国故的臭东西，他本同小老婆、吸鸦片相依为命。小老婆、吸鸦片，又同升官发财相依为命。国学大盛，政治无不腐败。因为孔孟、老墨便是春秋战国乱世的产物，非再把他丢在茅厕里三十年。”他崇尚物质文明，又说“人家用机关枪打来，我也用机关枪对打，把中国站住了，再整理什么国故毫不嫌迟。”吴稚晖与章士钊的私交本不错，同为反清斗士。但他不满教育总长章士钊“读经救国”的复古行为，写了一篇《友丧》，挖苦章“鬼附在他身上”“他竟吃饱了饭”“做体面人儿呀”等，还郑重其事地拟一告丧文，称：“不友吴敬恒等罪孽深重，不自陨灭，祸延敝友学士大夫府君：府君生于前甲寅，病于后甲寅，无疾而终。不友等亲视含殓，遵古心丧，惭愧昏迷，不便多说，哀此讣闻。”弄得章士钊哭笑不得。又讥《章氏丛书》出版“真是他老年的污点”。他还在《猪生狗养之中国人》中对政见不同的梁启超恶语相向，文辞粗俗不堪：“梁贼，梁强盗，梁乌龟，梁猪，梁狗，梁畜生，所谓梁启超者，无端倡满洲皇统万世一系之说，洗净了屁股，拉鸡巴来干，然用其此雌雄之声，犹有什么政治革命、责任政府等之屁话，自欺欺人。”还斥梁启超“放着那极腐烂策论式的屁毒，是葬送新世界青年，有害于人的”。

章士钊1925年做了段祺瑞的司法部长兼教育总长后重办《甲寅》，提倡读经尊孔，攻击白话文是“今世文妖”，“故作下流乡曲之语”，遭到新文化运动一派阵营的驳斥。吴稚晖固然是不遗余力鼓吹白话文，却并非平地高楼，而是经过根本性的转变，还用他自己的话说得更方便更明白：

“记得我30岁以前，一落笔喜欢撑着些架子，应该4个字的地方，偏用3个字；应该做两句说的，偏并成一句；应该就这样，偏要那样，诸如此类的矫揉造作，吊诡炫弄。人家都说：‘你是常州人，应该接着恽子居的阳湖派，做他的后劲。’这样就隐隐叫我做一个野蛮的文学家。我的确也努力过，然而心上终觉得雕虫小技，壮士不为。为什么学剑既不成，一定要学书必成，过那俳优生活，还要将来做那灾梨祸枣的害虫呢？假如有什么说的话，自然爱说便说，何必有什么做文章的名词，存在心头呢？难道古人说‘言之无文，行之不远’那种狗屁的理由，还会成立吗？我们爱说话，止是计较行远吗？果然狗口里掉象牙出来，也止适于一时罢了。哪里来几千年不变的金科玉律？用了手术（所谓文）侥幸行远，还不是像那李耳、孔丘之徒适用一时贻害无穷吗？”

吴稚晖重科学，轻文学，鄙哲学，他在一次演讲中说：“文学不死，大难不止。”

1924 年泰戈尔来华讲学，盛况空前。吴稚晖却撰《婉告泰戈尔》挖苦这位诺贝尔文学奖得主：“太先生既然吟风弄月，尽有喜马拉亚山前的节音可谱，何苦说写得流利的仇国语文，去博斯坎狄内维亚（今译斯堪的那维亚）富人的奖金，荣比博学鸿词科呢？难道不像满清的所谓诸词臣，忘了亡国恨，故意吊诡的自晦起来，并不是真正的苟全性命于乱世吗？”

泰戈尔到中国后，大讲所谓东方精神、东方文明，他在一次演讲中说：“余此次来华，系应北京大学之聘，预约在北京演讲六次，大旨在提倡东洋思想……亚洲之一部分青年有抹煞亚洲古来之文明、专追随于泰西文化之思想，努力吸收之者，是实大误。……泰西之文化单趋于物质，而于心灵一方缺陷殊多，此观于西洋文化因欧战而破产一事，已甚

1946 年，上海新造出了公共汽车车身，吴稚晖前往试乘

显明……因是西洋人士已承认东洋文化之真价值，而着手研究。”（《吴稚晖全集》第六卷，第147—150页）对于泰戈尔的宏论，吴稚晖嗤之以鼻，讽刺说，泰戈尔的这一套，中国的梁启超早在5年前就说过了，正是英雄所见略同。现在泰戈尔又把已经药死了印度的方子，还来作药方新编，连同他的诗集分送，无异于把融合了大小乘佛教的诗篇，贴在城墙上抵御机关枪。

吴稚晖骂得最刻薄的是汪精卫。不只因为汪与蒋对立，主要是汪精卫投降日本。他在《卖国贼是世界上最丑恶的毒物——汪精夫妇因学三等娼妓而为之》等文中，大加痛斥：“你们这班贼男女，狗男女，竟为了区区短命富贵，乃昧着天良，替敌人骗同胞，真狗彘不如的怪物。什么和议，真是放狗屁，放狗屁，放狗屁。秦桧易名缪丑，精卫是填海的小鸟，如何给你这小白脸来污辱。我今权且送你一个易名大典，名曰汪精怪……至于你千秋的大名，或曰顽钝，或曰缪丑，自有将来铸铁像时再替你易名。”还把陈璧君叫作“陈屁裙”，把褚民谊叫作“鼠蚁蚁”，称周佛海为“周狒黑”。骂褚民谊时还说：“唯有做汉奸，臭了自己，臭了国家，还臭祖宗，更臭子孙，真是畜类。”

吴、汪本是同志，当年汪精卫在刺杀摄政王载沣时，曾写信给吴稚晖请教如何制造炸药，可见关系之密。汪被捕后曾作“口占”明志：“慷慨赴燕市，从容做楚囚；引刀成一快，不负少年头。”被传颂一时。1939年汪精卫叛国逃到河内，吴稚晖奉送两句名骂：“卿本佳人，奈何做贼。”汪精卫见后，气得三天吃不下饭。

身为蒋介石智囊的吴稚晖，当然忘不了骂共产党。他在一次演说中说及国共两党，趁机攻击共产党说：“国民党实在太老大了！也太陈旧了！共产党则确实很新鲜，又漂亮。不过国民党好像一顶破毡帽，摘下来落在地上，被人家踏上几脚，拾起来，抖一抖灰，戴在头上，仍然还是一顶毡帽。共产党呢？固然漂亮、新鲜，也正像广东人说的‘电灯胆’，可是一不小心，掉在地上，哗啦一声，就粉碎了。”“共产主义成什么主义，抢产主义，强盗主义而已，所谓唯物史观、辩证法，等等，无非为其阶级斗争加些油水，还成什么学说。”还声称“共产主义是无政府主义的灰孙子”。

吴稚晖骂共产党，共产党当然要还击。周恩来称他为“小丑”。1927年3月30日，在中共特委召开的会议上，周恩来报告蒋介石的方针及中共对国民革命军的工作时说：蒋“最秘密的还是五老会议，是参谋部。张静江是主席，吴稚晖是小丑，李石曾是花旦，蔡元培是学究，戴季陶是军师。”

但是，令人没有想到的是，“小丑”吴稚晖还会玩大把戏。他居然是“四一二清党”的发起者。

1927年3月28日，蔡元培在上海主持召开中国国民党中央监察委员会会议，吴稚晖提出发动“护党救国”运动。4月2日，吴稚晖、李石曾等人，检举“共产党连结容纳于国民党之共产党员，同有谋叛证据”。吴稚晖还呈文控告共产党且谴责鲍罗廷，阴谋使中国变成苏联殖民地。于是，国民党订立“清党原则”，组织“清党委员会”，开始了“反共清党”准备工作。

4月12日凌晨，蒋介石开始“清党”，对上海工人纠察队强行缴械，造成300余人伤亡。4月17日，蒋介石与一批右派国民党中央委员在南京召开政治会议，发布“清党”通电，并发出秘字一号命令，通缉共产党的首要分子197人：鲍罗廷、陈独秀、林伯渠、瞿秋白、毛泽东、恽代英、周恩来、刘少奇、张国焘、彭湃、邓颖超、蔡和森、方志敏等人均在其中。

吴稚晖这一手，导致中共遭遇了第一次大革命的失败。

吴稚晖“清党”之想法，始于1927年3月6日晤见陈独秀的时候。吴对陈说：“若实行共产，当在二百年之后；以我理解，二百年尚嫌不足。”陈独秀笑其太迂，吴稚晖说：“急切轻挂招牌，只是赝鼎。”陈问吴稚晖：“你更疯癫，请问中国现在的共和不是伪的吗？但你以为康有为之复辟，

結婚證書

儲福興 係江蘇省武進縣人年三十五歲
民國三年十二月十七日卯時生
薛愛菊 係江蘇省武進縣人年二十一歲
民國十八年九月初一日卯時生
今由
胡博淵
吳則中 先生介紹謹詹於中華民國三十八年
四月壹日上午十時在
台灣中山北路八十三巷七號舉行結婚儀式恭請
吳稚暉 先生證婚陰陽而演八卦夫婦始肇五倫
天地氤氳萬物化育男女好合九族基成
榴原多子草亦宜男既種三世姻緣應結
百年春屬此證

結婚人 儲福興 薛愛菊
證婚人 吳稚暉
介紹人 胡博淵 吳則中
主婚人 儲正平 薛宮壽

中華民國三十八年四月壹日訂

1949 年 4 月，在解放军马上发起渡江战役前夕，吴稚晖还有闲情为人证婚

与伪共和孰优？”于是吴追问陈独秀：“你定实行列宁式共产主义是若干年？”陈不加迟疑地回答：“20 年。”吴大为惊骇：“由此，国民党只剩下 19 年了。前年恩来答越飞：国民党国民革命完成，应需 30 年。若你们共产党急迫至此，未免取得国民党的生命太快了一点，应当通盘商量才好。”

吴说完后脸色难堪，坚定了“清共”的决心。

吴稚晖亦善舌战。他讥讽“五四”时期的“海龟”：“就像面饼，拿去国外炸一炸，回国就变成蓬松硕大的油条了。”在一次语音读法统一会上，副会长王照发明的注音字母不被采用，当面骂会长吴稚晖“老王八蛋，只知嬉皮笑脸，胡说八道，何尝懂得注音字！”吴稚晖则轻言慢语回敬道：“王先生，你错了，或是气昏了头吧？稚晖敝姓吴，并不姓王，绝非贵本家也。”

办教育，成了“新鲜活死人”

吴稚晖有浓厚的教育情结，曾先后设馆授徒、供职南洋公学、充任国语师范校长、担当唐山矿路学校教席、创办里昂中法大学以及主持海外预备学校，衰年在台湾又当“儿童团长”教习稚童。吴氏钟情教育，源于他是无政府主义者。他认为“一国之盛衰，推其原者，莫不比较之于教育”；“教育之于国家盛衰，实为其总因”。教育办好了，世界就太平了。

1918 年，吴稚晖发表《海外中国大学末议》，想把中国大学办到海外。他的这一设想得到蔡元培、张静江的支持。于是他发起组织留法勤工俭学会。中法两国政府相商，法国出废弃的赫里欧炮台，由中国改为校舍，中国象征性地每年缴一法郎租金。吴稚晖四处奔波筹措资金，时适孙中山任非常大总统，广东省资助 42 万法郎。1921 年 8 月，吴率 105 名学生到里昂，亲任中法大学校长，这其中，有许多后来对中国历史进程产生过影响的人物，如周恩来、邓小平、王若飞、陈毅等人。他当时拟定的办学方针是“为平民的，勤俭的，为劳工神圣的，为清洁无伦的”。此前，中国已有 1600 余名留法勤工俭学的学生，生活十分困苦，迫于无奈，他们在巴黎召开大会，决定强占新办的中法大学。有 100 多人先行进入，校方坚拒，发生冲突，请来法国警察拘禁入校者，并强行遣返。

吴稚晖从国内召来的学生情况复杂，有公费生、优等生、自费生。广东籍学生因省里出了钱，在学杂费上享受优待。自费生们不服气，他们撒传单、贴标语，要求校方一视同仁，而且拒不缴费。学生的矛头直指吴稚晖，据当事人苏雪林回忆，学生们列举了吴许多罪状，如：“吴有亲戚马女士率求学的子女数人在校中，我们即指他为‘徇私’。吴先生有某项学术团体，邀同学某某数人加入，我们即指他为‘植党’。我们原主张男女社交绝对自由，但这时（他）又偏摆出道学先生的卫道面孔……”“若非校方预派有力校工数名将吴先生援助出去，吴先生也许在我们盛怒之下挨一顿打呢。”吴稚晖自叹：“（这）以后我都不能自由在街上走了，也许他们会当胸给我一手枪的。”学生们将这一事件写成文章，发往国内各大报纸，因有 28 人署名，故媒体称其为《二十八宿闹天空》。

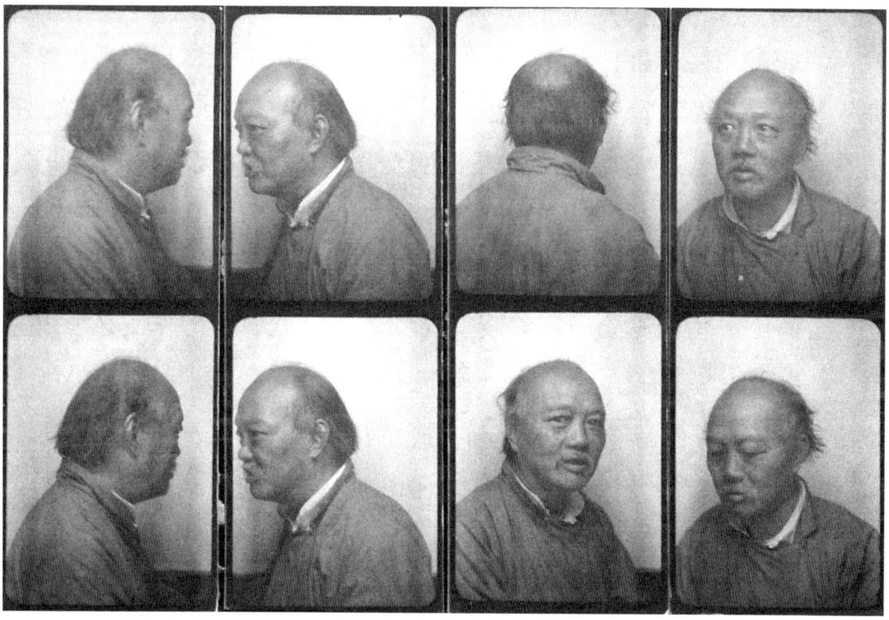

玩自拍的吴稚晖

风波平息了，吴稚晖的面子也丢尽了，事发当日即带着马氏全家赴英国伦敦，不再过问校事。有人就此事评吴“并不是一个出色的行政人才，处理很多事情往往事倍功半，他操心得要死，却得不到一句好话”。后吴回国，仍遭里大学生的“围剿”，不得安宁。为求解脱，吴稚晖在北京的报纸上发一“自讣”：

“寒门不幸，害及自身，吴稚晖府君，痛于中华民国十二年（1923）

一月三十一日疾终于北京。因尸身难得溃烂，权殡于空气之中。特此讣闻。新鲜活死人吴敬恒泣血稽颡。”

海外办学终以失败告终。所有资料均表明吴是中法大学首任校长，而吴矢口否认：“什么校长、庶务、秘书，都是‘孔夫子的卵泡’，要好看的名目罢了！”而且还说：“什么校长薪俸，我曾否取过一文？”因此，有人说他是个“傻蛋”！

孙中山病逝北平后，吴稚晖受孙之托，于1925年创办“海外预备学校”，有人称“海外私塾”，今人称“少年党校”。校址在北京东城南小街92号。教师是吴家老少三人。吴的儿子吴蔷、女儿吴芙留英归来，教数理化。吴本人教国学、经史。就读的有孙科的儿子孙治平、孙治强；汪精卫的儿子汪婴、女儿汪洵；李济深的女儿李筱梅，以及因参加五卅运动被学校开除的蒋经国等20人。蒋经国年龄最大,15岁。吴稚晖充当“儿童团长”。汪洵有其母陈璧君之风，泼辣大胆，爱胡闹。吴稚晖善诱导，不揠苗助长，也不强求，让学生各自展示个性。吴规定写作文必须用毛笔，孙中山的两个孙子不肯写，说用毛笔写文章是秘书干的事。吴稚晖很恼火，当即要他们抄写“朱雀桥边野草花，乌衣巷口夕阳斜。旧时王谢堂前燕，飞入寻常百姓家”。并让他们带回家去与家长一道体会刘禹锡这首诗的意思。日后，吴在会上大发感慨：“我吴稚晖活到七八十岁，还没有用过什么秘书。好大的口气呀！官宦缙绅之家的子弟，如不严加管教，是非常危险的！”

吴稚晖特别喜欢“懂事”的蒋经国，常为其“开小灶”。

蒋经国回忆，当时有人送吴稚晖一辆人力车代步。客人走后，吴令蒋经国找来锯子把车把锯掉，把车身拖到书房当沙发用。蒋经国不解，吴稚晖说：“一个人有两条腿可以走路，何必人拉，你坐在车上被人拉着走，岂不成为四条腿？”吴注重对学生的德育，经常通过讲故事启发他们。蒋经国说当年吴讲的两则小故事令他终生难忘：

“一条轮船从美国开到上海来，不幸在日本附近沉没，船上的旅客大多被救起，只有 11 人沉到海底死掉了。先生讲到这里就问我们：‘你们知道这 11 个人为什么会死掉呢？’有些同学说：‘不会游泳’；也有些人说：‘运气不好。’先生摇摇头说：‘你们都说错了！这 11 人是从旧金山回来的。他们带了很多黄金，都绑在身上，所以到了水里，就沉下去了。’”

另一则故事是：“有一个小孩子在大街上玩的时候，无意中捡到一张钞票，起先，他以为是一张普通的纸；后来有人教他用这张纸去买东西，他果然买到很多糖果。从此以后，他觉得低头走路是有好处的，每次上街都低着头找钞票。结果，就在他走过马路的时候，被一辆马车撞死了。”

蒋经国说：“这两则劝人不可贪财的寓言，尤其当我的年纪渐渐大起来的时候，更体会到先生当年教诲的用心。”

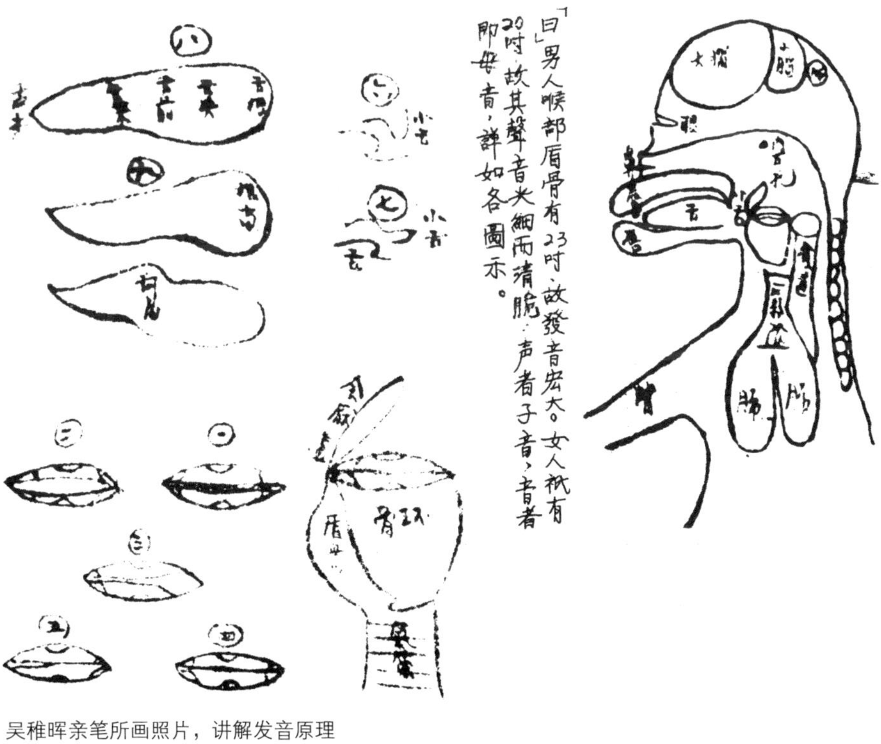

吴稚晖亲笔所画照片，讲解发音原理

吴稚晖除“放屁文章”外，还有“豆芽字母”传世。他是提倡拼音文字最早的人。他在年轻时，就独创了一种“豆芽字母”，让不识字的妻子袁荣庆使用。在巴黎创办《新世纪》时，他提倡编刊《国音字典》，主张小学课本和通俗书报，都在方块字边附加注音符号。民国初年，吴稚晖参与发起、组织了读音统一会。后来，他又花了5年的时间，编撰了一部国音字典。

吴稚晖赞同拼音文字，并在音韵学方面写了不少文章，提出了自己独特的见解。他说，“研究注音文字的主要目的，是为着中国十分之九的目不识丁的国民增加知识，灌输教育，这注音字母，实在是四万万人的救星。”

吴稚晖搞的国语统一运动，相当于今天的推广普通话运动，而今天的汉语拼音，与吴稚晖主张的注音字母，也有些渊源。因此台湾称他为“国语之父”。

出卖陈延年

陈独秀之子陈延年之死是吴稚晖"告密"所致。

1927 年 6 月 26 日上午，陈延年、郭伯和、韩步先等人正在上海召开中共江苏省委成立大会。会议上，王若飞传达了中央的任命，陈延年任中共江苏省委书记，下午 3 时即被捕。但警察并不认识陈延年。当时陈延年身穿短衣，裤腿上扎着草绳，自称是受雇到这里做工的，名叫陈友生，像对待普通的共产党员一样，他被押往龙华监狱。陈延年怀着一线希望，给五马路东亚图书馆的汪孟邹写信，请他想办法营救。陈延年在信中写道："我某日在某处被捕，现拘押在市警察局拘留所。我是工人，不会有多大嫌疑，现在我的衣裤都破烂了，请先生给我买一套衣裤送来。"信尾署名"陈友生"。与此同时，赵世炎、王若飞等也在想方设法营救陈延年，甚至和敌办案人员谈妥，交 800 元放人。他们找到胡适，尽管凶多吉少，胡适还是答应帮忙。胡适想起蒋介石的红人吴稚晖是陈延年的老熟人，数年前曾帮助陈延年、陈乔年赴法留学，决定将信转给吴稚晖，请他帮忙。吴稚晖思忖再三，立即给上海国民党警备司令杨虎写信"祝贺"："今日闻尊处捕获陈独秀之子延年……不觉称快。"延年"发生额下，厥壮极陋……恃智肆恶，过于其父百倍"。

这杨虎不是别人，正是随蒋介石一路制造赣州事件、九江惨案、安庆"三·二二"事件的特务处长。杨虎见信，大喜过望，他没有想到陈独秀的儿子、上海共产党的头号负责人陈延年已被抓获。蒋介石获悉逮捕陈延年的消息后，致电国民党二十六军政治部，指示须"切实讯明为要"。1927 年 7 月 4 日，即陈延年被捕后的第九天晚上，敌人将他秘密押赴龙华刑场，被刽子手乱刀砍死。陈延年牺牲后，蒋介石下令不准收尸。次日，《申报》刊出《铲除共党巨憝》，披露了吴稚晖给杨虎的信件。汪孟邹见报，如五雷轰顶，瘫倒在椅子上。胡适见到报纸，也对吴稚晖深为不满。

此次告密，倒是反映了吴稚晖笃定的政治立场。

最后的日子

1949 年 2 月 24 日，吴稚晖飞抵台北。蒋介石派遣他的美龄号专机将吴稚晖接到了台北，他的妻子和孩子都没有随行。吴稚晖在台湾居住在位于中山北路一段 83 巷的公寓，这是一栋日式建筑，喜欢随性涂鸦的他，还画下了住家的平面图。吴稚晖凭着一手好字，尤其是擅长的大篆，不但博得民国初年四大书法家的名号，也靠着字，让一大家子到台湾投靠的亲戚随从有暂时的温饱。他在当时的《中央日报》上登出了写字的费用，当时台湾物价膨胀，吴稚晖体力好时，每天可以写上七八件。

吴稚晖写毛笔字

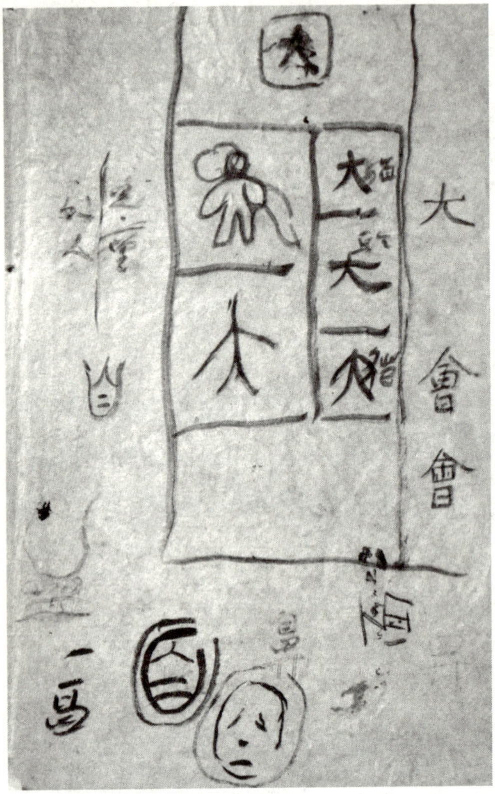

吴稚晖日记

1949年初，蒋介石下野不久后就到了台湾，也用他的专机带来了不少国民党大佬，这些人是蒋介石后来政治权力的筹码，吴稚晖是其中一人。1949年6月24日，吴稚晖在日记上写着“奉化父子来访”，这一天下野的蒋介石做了重要决定。蒋经国也在同一天的日记里写下了这一段：“正午，父亲访吴稚晖先生，稚老虽86岁高龄，而谈吐自若，见稚老后，父亲决定总裁办公室之设置。”有了党国大佬吴稚晖的支持，下野已经没有官职的蒋介石决定在草山，也就是台北的阳明山设立国民党总裁办公室，遥控在大陆的国民党部队进行国共内战。

习惯写日记的吴稚晖到台湾后每天记录他的心情。在他1949年9月12日日记中写道：“下午杭立武来，接叙十分钟别，吴克刚、何子星来，大谈蒋（介石）李（宗仁）之间。夜冷热不同，不服，二时起作，饮水吃月饼，一废牙掉下。”为了纪念废牙，在日记上吴稚晖画了一颗牙齿。这是吴稚晖到台湾后过的第一个中秋，没有家人陪伴、苦中作乐的中秋。

85岁的吴稚晖到了台湾后，入境随俗学了闽南话，这个连国语都说不准的人笑称自己是个语言天才。

位于台北的植物园，是吴稚晖最后一次公开露脸的地方。这位年近

90 岁的老人，发现他的脚力和体力，已经大不如前。但是，他好色本性难改，特别提到看到两位漂亮的太太。他说你们不要以为我弄不清她们，她们一个叫顾正秋，一个叫张正芬。两人都是台湾京剧名伶。

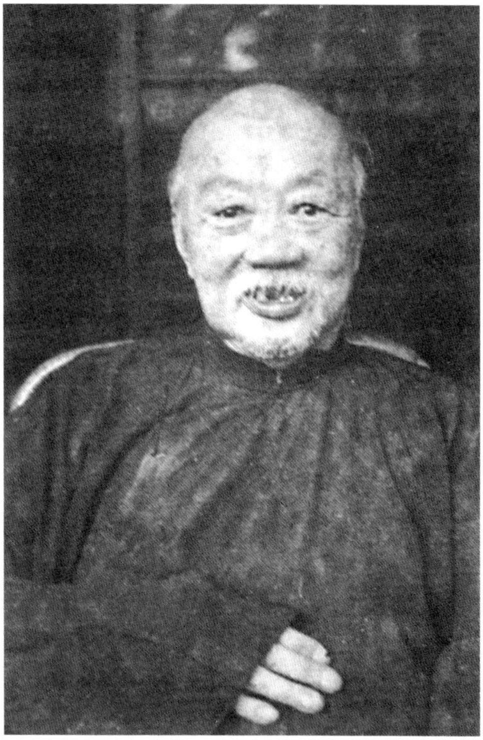

88 岁的吴稚晖在台大医院留影

这次公开亮相后，吴稚晖的身体开始恶化，排尿不顺畅的问题严重地困扰着他。

武进同乡会的陈凌海说："稚老是不相信医生的，生病不相信医生，所以他牙齿掉了，不补牙齿，有了病不看医生，更没有什么治疗，到了后来，发病了之后中央要强迫他治疗，朋友也要劝他治疗，他只好到医院里面去治疗。他私底下告诉我说，可以去见阎王了，可以去见阎王了。"

1951 年年底，吴稚晖多次进出医院，在病床前，他留下了深深的遗憾。好友李石曾记载了他的心情。"与稚老在医院晤面，屡次表示欲到美国，看子叔微就医近况，俟较愈再往，而卒未能成行，稚老憾事，惟若能成行，则无海葬金门之壮举。"

吴稚晖到台湾后自制了一本账册，里头清楚地列举收入来源，在遗嘱中，他分配了仅剩的存款：小如六百元，外甥小云四百元，既成事实，不必再议。生不带来，死乃支配，可耻。

陈凌海记得，吴稚晖公开表示他死了千万不可有仪式，尸体也不能

按照吴稚晖的遗愿，他的骨灰被运往金门岛海葬

搬到那里，千万不可，也不要“国葬”，也不能付现。

和病魔对抗了两年后辞世，享年 89 岁。

他在台湾一共住了 4 年多。

有学者说，1949 年江山易色，蒋介石周围像吴稚晖这样专门舞文弄墨的人，戴季陶自杀了，陈布雷也自杀了，可吴稚晖却活得好好的，吃得下，睡得香，躲到台湾，活到自然死亡。

探究民国名流的台湾岁月，最大的意义是拨开他们政治的角色，还原一个本色的人。在当时台湾独尊蒋介石的氛围里，那些国民党的大佬们，多半只能仰仗蒋介石给个闲差，在台湾终老。但是，再怎么压抑，其实都会有他们耿介的个性灵光一现，比如吴稚晖临死在遗嘱里分配仅剩的存款，还留下一句，生不带来，死乃支配，可耻。

这样的话，总会让人动容。

于右任

神州再造更何年

国民党创党大佬跟随蒋介石到台湾的，于右任是非常具有代表性的一位。在台湾，他被称为“永远的监察院长”。蓄着大胡子，一身长袍装束的于右任是他留给人们最清晰的印象。在同乡子弟李鸿超的记忆中，年轻时的于右任便已然缀着一把又黑又长的大胡子了，“于胡子”这个外号很快被人叫了起来。然而民国时期政治权力的交替，对这位到台湾已经年过七旬的清朝举人来说，似乎一切来得突然又残忍。

曾经矗立在台湾玉山山顶，让主峰高度从 3997 米补足到 4000 米的铜像是国民党推崇于右任的表征。全桂林是 1967 年参与铜像建材搬运的台湾原住民之一，他的印象里铜像之人“好像是‘救国团’里的一个大人物，一个最大的人物，其他就不知道了”。这位早年追随国父为革命奔走的国民党大佬，他的铜像在 1995 年首次遭到人为破坏，头被锯了一半。刘延涛之女刘彬彬提起此事仍是甚感愧对老功臣，“只是他的一个铜像我们都保护不了，感觉上好像很对不起他，就觉得很难受。”1949 年追随蒋介石来到台湾的于右任万万没想到，在他去世 31 年后，他的铜像竟遭这般命运。

离乡是政治道路的最后依归，但却是和故土的永远告别。

苦窑里长大

于右任，原名伯循，字诱人，后以“诱人”谐音“右任”为名，号骚心、髯翁等，晚号太平老人。他于1879年出生在陕西三原。陕甘地区本来就贫瘠，于右任诞生的前夕，正值左宗棠率领清军镇压陕甘回族起义之际，连年的天灾加上战乱，陕甘大地，赤地千里，大批饥民被迫背井离乡，外出逃荒。于右任的母亲赵氏，就是从甘肃静宁县逃荒到三原的饥民，后经媒人说合，嫁给了以刻书为生的于宝文。婚后不久，于宝文为生活所迫，去四川谋生，第二年赵氏生下了于右任。

于宝文外出不归，家庭生活重担落在赵氏一人身上，她无力承受煎熬，身染重病，卧床不起。临终前，她把不满两岁的于右任托付给自己的妯娌房氏。

房氏贤惠而善良，她把于右任当作自己的骨肉来抚养。于右任7岁时，房氏送于右任进村里的私塾读书，为了督导他多读些书每天都要到三更才入睡，有时即便于右任犯了微小的过失，她定会接连数日愁眉不展。这使懂事的于右任随时提醒自己，不要让伯母伤心难过。一直到他60岁时，还曾这样追忆：“她爱护我的一片苦心和严肃正直的精神，我到今天还会常常在梦里看见。”

于右任读完村塾以后，靠族人的资助，到三原县城的名儒毛班香先生处读书，学问大长。当时，陕西学政为奖励文章写得好的学生，在有些书院设有一种“考课”，给考得好的学生发点钱，以示奖励。于右任14岁那年就得了二钱银子的奖金，之后他经常参加此类“考课”，所得的奖金除贴补家用以外还用来买书。17岁那年，于右任成了秀才。但他的贫苦生活并未改观。

1898 年，于右任 20 岁时，叶尔恺出主陕西学政，在当时各省的提学使中，他是以学问渊博著称的。清朝制度，提学使三年一任，每省一员，由清政府派遣大员充任，体制宛如钦差，可以专折奏事，位次于督、抚，但奏事却与督、抚平行。

叶尔恺到任后，出了几十道试题给秀才们去做，限一月交卷。于右任在饥寒交迫的情况下，勉强写成了 10 多篇。想不到呈上去后，叶尔恺大加赞赏，提笔批道："入关以来，未见第二人。"遂以岁试第一名，辅禀膳生。

传见于右任的时候，叶尔恺还特地把薛福成（字叔云）出使四国的

于右任与家人在一起

日记送给他，勉励他除了读书之外，还要开阔视野，随时留心国际情势。

就在那一年，及冠的于右任很传统地跟同乡女子高仲林结了婚。据同乡子弟李鸿超的回忆，于夫人待人甚笃，尤其是对待一拨热血青年更是关爱有加，“记得在西安住家的时候，当时我们几个年轻人里有人已经做了国大的代表，她常常邀请我们去家里打麻将，给我们做臊子面吃，对我们极为爱护。”

1900 年 8 月，八国联军攻占北京，慈禧仓皇出逃。10 月 16 日，慈禧一行到达西安，地方官强迫西安群众冒雨跪在泥泞的道旁迎接“圣驾”，于右任亦在其中，他所读书的陕西中学堂也因被占作行宫而停办。跪迎的屈辱和失学的打击，使他对“皇权”的信仰发生了动摇，面对国势衰竭、民生涂炭的社会现实，于右任写下一批抨击时政的诗篇，结集为《半哭半笑楼诗草》，于 1903 年冬出版，其中，他借古讽今地在《杨妃墓》写道：“女权滥用千秋戒，香粉不应再误人。”矛头直指慈禧太后。

三原县令德锐看到诗集，立即上报陕西巡抚升允，升允以“逆竖倡言革命，大逆不道”的罪名上奏清廷。1904 年春，清廷下令拿办于右任，就地处死。

1904 年，适逢甲辰会试。由于庚子之变，北京贡院被八国联军焚毁，因此我国历史上最后一次科举进士会试，便在河南开封举行。

参加会试的于右任行往开封，朝廷拿办他即行正法的密折已在途中。巧的是因电报和驿站发生问题，密折没有及时送到陕西。

此时，于右任的家人已探知消息，火速雇“快腿”赴开封送信，不日进入开封西门，寻觅到于右任之后将家书交与他。只见上书 12 字：“哭笑楼，将上墙，虽未详，祸已藏。”于右任知道自己的“反诗”引来了杀身之祸。连夜逃离了开封，躲进了上海的租界。

从激进诗人到革命报人

剪去长长的发辫，在上海的于右任有了全新的模样。

不久，他有幸结识了复旦公学校长马相伯。马相伯是著名教育家、复旦大学创始人、震旦大学首任校长、耶稣会神学博士。

马相伯是从陕西老乡的口中得知于右任的才华，敦促手下将此人约来见面。从此，于右任成为马相伯的学生。

于右任、马相伯之间年龄相差 39 岁之多，却有惺惺相惜之意：一个是深相器重，一个是执礼甚恭。有一天，马相伯把于右任召到办公室，郑重地说："我知道你曾经教过几年书，现在你的学识已经足以做我教学上的助手了，明天开始，你便是震旦的教师了。"于右任虽不免有点受宠若惊，不过他原是一个坦荡爽快的人，便答应下来。一夕之间，他和马相伯竟由师生变成同事了。此后于右任终身感激马相伯，称他为"夫子"，当他作救命恩人。

马相伯（右）与于右任

他后来的革命事业也可以说一半出自马夫子之赐。

1905年（光绪三十一年）春天，马相伯采纳了于右任的建议，另起炉灶，办了一座新学校——复旦公学，以便全力支持学生的立场，脱离原来已被传教士控制的震旦。经过震旦师生半年的奔走努力，复旦公学终于在8月于上海吴淞镇提督行署旧址成立。“复旦”二字便是出自于右任的提议，表示不忘震旦的旧情，也含有复兴中华的意义。

这一年4月15日，梁启超等主办的《新民业报》第三年21号上刊出了于右任的一封投书，这也是于右任生平第一次发表政论文章，却一鸣惊人。《新民业报》在当时是一份影响力很大的报纸，第三年17号到19号，一连三期连载了江苏文人钱基博的“中国与地大势论”一文，其中提出“长江流域民族处置大河流域民族”的两种方法，于右任读了以后，只觉触目惊心，然后十分愤慨，终于不知不觉地泪流满面。于是稍稍一定神，便拔出笔来写了一篇抗议的投书：

“……以为吾人日日唤同胞，不料同胞刻刻谋处置我，视我以异类，而贱我若奴婢也！……去去之愚，所以辩论不已者，正恐种族之争之外，又添一省份之争；省份之争之外，又生以南北之争。今日之于学界者，一笔一舌；他日见之于政界者，一铁一血，又岂祖国之幸福而前途之佳徽哉！……吾草此书时，先祷神佛、祈上帝者三日，使吾同种无与南北之战，否则无使东家笑而西家哭……无使渔翁得利也。”

这封信大义凛然，浩气逼人。钱基博自己是南方人，所以一时狂妄发南方人处置北方人的谬论。《新民业报》一接到于右任的投书，不但全文刊载报端，而且为本身率尔刊载公开道歉，梁启超在该报前言中说：“本社倾奉此，于本报十八号论文中失检处有所匡正，本社不敢辞责，敬谨登录，并以本社之意，为钱君谢于君。我国今日御侮之不暇，诚不能以本国于本国中再分畛界。于君所言，字字敬佩：且其论吾国人现在相煦以沫之实情，尤足令全体同胞惕然猛醒。惟有钱君，亦不过偶尔失言，非好为挑拨同族之恶感情，而本社未及与钱君商榷，率尔记载，其咎实本社任之。”此文一出，不仅表现了《新民晚报》的风度，更显示了于右任的胆识已折服了他的前辈学人。此文一经发表，于右任声名大噪，全国的读书人都知道他这个人了。梁启超也因此佩服他的见识和文笔，所以事后请人介绍，与比他年轻6岁的于右任订交，并设宴款待，叙谈致歉。

1939年5月出席北碚下坝复旦大学相辉楼奠基礼

光绪三十二年（1906年）于右任28岁，看到上海的革命宣传机关——《苏报》《警钟日报》相继被清廷封后，始终不见继起的革命报刊，心中闷闷不乐，决心自己出来办一份报，倡导革命，策勉民心。于是他走访复旦、中国公学的几位同学，告诉他们有心筹办一份《神州日报》。大家的反应很热烈。有些年长的学生也起而响应。在第一次的筹备会议中，就公推发起于右任赴日本考察编辑和经理业务，同时进行募股工作。九月间，于右任便由上海坐船出发，到达日本国门，便作了一首叫“马关”的七言律诗：

雨中山好青如黛，浪里花开白似绵。活泼游鱼吞晓日，回翔飞鸟逐渔船。舟人指点读遗事，竖子声骄唱凯旋。一水茫茫判天壤，神州再造更何年？

诗中糅合了欣悦、希望和惆怅。

事实上，此番日本之行虽以筹措《神州日报》的费用为初衷，但更重要的是他透过胡汉民等人介绍认识了孙中山，于右任一方面为孙中山的英姿和恳切所感动；一方面很大方地向他提及了自己关于同盟会誓词中“平均地权”的疑问。孙中山不徐不急地详细解释给于右任，一直谈到天色将黑。临别，于右任“庄重地决定”：加入同盟会。

于右任说，当时当刻，隐约感受到一种特殊的亲和力，“此生未曾遇见过另一位可以和他相比的人杰！”彼时，东京街头的灯火辉煌耀眼，一如于右任心中一片光明的远景。

光绪三十三年（1907 年）4 月 2 日，《神州日报》经过两个月的准备终于问世了，报眉是清朝末代状元、南通实业巨子张謇所题的字。纪元不用清帝的年号而改用甲子，这在当时可以说是石破天惊的事情。《神州日报》的主笔差不多都是同盟会会员。出刊不久，《神州日报》即受到广大民众的欢迎和重视，因为《苏报》案发生以后，清廷官吏跟租界当局已取得默契，合力取缔革命书报，《神州日报》为求在上海立脚，只好暂时采取稳健路线，以旁敲侧击的方式针砭时弊，宣传革命，同时增开学校动态与体育新闻，以吸引学界注意，推广销路。这是于右任考察日本报业的心得，也是中国报业史上的新启。于右任身兼报纸主笔及负责人、两校教师，又在复旦法文班就教于马相伯，有一段时间还充任马的私人秘书，真是忙得寸阴必争。事实上，虽然之后《神州日报》亦遭遇“不测”，但于右任办报的热情始终未曾减退，他认为要革命就要有力的宣传。继《神州日报》后，于右任还曾先后主持了《民呼日报》《民吁日报》《民立报》三份报纸。

位于老上海的望平街是于右任当年办报的旧址，年轻的于右任曾因办报入狱。当时与友人的一段过往让他刻骨铭心。邱于寄是革命分子中的一员，他和于右任交情甚好，互为很好的朋友，邱于寄想救于右任却苦于没钱，跟人要又觉得不好意思，结果跑去卖烧饼的一个小摊子，站在那里，趁人不注意拿了一个烧饼藏在身上。藏的时候恰被一边的人看到，对于一个貌似体面的青年而言，做这样的事情本就很磨不开脸，自己心虚不说，又被人发现，当场指出，最后挨了卖烧饼的一顿打，打到血都流了下来。最后把烧饼还是拿了回去，和于右任两个人坐下来吃，结果于右任忽然发觉了邱于寄嘴角的血，不解询问，起先邱于寄也不知要如何讲出实话，后来实话既出，二人抱头痛哭起来。

落魄的“监察院长”

民国建立后军阀割据，于右任舍弃自己最爱的报业工作，以文人之姿在孙中山的号召下回到陕西担任靖国军总司令，对抗北洋军阀。但是于右任最被人们认识的还是“监察院长”的身份。当年的“监察院”总务主任关心全已经年逾九十，曾跟随于右任巡视西北民情，“巡查团民国三十年（1941 年）在兰州那儿，这一路两边老百姓摆的摊子都是拿点儿土菜、水果摆在路上欢迎他（于右任），他那时候都是坐汽车，看见前面一堆人，快到跟前他就下来，走到跟前，挨个都跟老百姓打打招呼握握手，他说这是老百姓嘛，国家没有老百姓还有咱们？”

1924 年底，他随孙中山北上，不久，孙中山即卧病不起，于右任奉

孙中山先生与部分内阁成员。左起吕志伊、于右任、居正、王宠惠、孙中山、黄钟瑛、蔡元培、海军代表、马君武、王鸿猷

命赴东北与张作霖商谈。因此，孙中山口授遗嘱时，于右任没有在场，也未能作为证明人在遗嘱上签字，这是他毕生引为遗憾的一件事。孙中山逝世后，他被推定为葬事筹备委员，同时他还是北京治丧处秘书组成员。后来，中山陵墓建成，1929 年 6 月 1 日举行孙中山奉安大典。于右任适因足疾发作，不能步行，未能参加这天的盛典。他躺在榻上，不觉想起开国时的一件往事，当时孙中山感念于右任创办《民立报》宣传革命的功绩，曾赠送他一枚炮弹壳，勉励他像炮弹一样勇往直前。于右任手抚弹壳，不觉感慨良多，挥毫在弹壳上题云：

当年奉赠兮何意，
今日追怀兮堕泪！
平不平兮有时，
百折不回合此物此志。

并题跋云：此民元恩来所赐也，敬为句以志之。十八年六月二日，于右任书于南京。

1931 年 11 月，于右任被国民党三届中央执行委员会第四次会议推举为国民政府委员兼监察院院长，从此他的政治生涯又进入了另一个阶段。以后的 30 多年里，于右任曾有多次因为事情不顺利而请辞监察院院长，他的内心始终存着归隐乡居的念头。但他终于没有辞卸这一职位，而鞠躬尽瘁了。

第二年二月，于右任宣誓就职监察院院长。这时审计院也改制为审计部，隶属于监察院。监察院由于于右任担任院长后才开始遴选委员行使职权。对于委员的选拔，于右任高瞻远瞩，兼包并容，一则顾及各省区的名额，为以后立监委人选须按省区的规定开一先河；一则打破漠视边远省区的成见，使全国各地人士能够化除隔膜，精诚团结。

政府监察院全体委员宣誓就职典礼

1949年4月26日，国民党军队撤出了南京，于右任率领留京的监察院同人赴广州。在广州的每天下午，他都要驱车到黄花岗上，徘徊瞻望，好像有所召唤，又为从者讲革命故事，说着说着，眼眶都沾湿了。11月26日，他跟“同情”国民党政府的美国共和党参议员诺兰坐同一班飞机飞到重庆，在南宁会晤白崇禧，并于29日抵达台北，依旧接续“监察院长”的角色。

由于“监察院”的新办公室一时找不到适当的地方，便暂时设在火车站旁的七洋大楼里，开会先借济南路监察委员行署，后来借省议会，不久又改在济南路开南职校大礼堂。办公室后来避至中山北路。直到1958年才移到忠孝东路一段今址。当年位于中山北路的办公室只有10多个榻榻米大小，除办公桌椅外，在入门处放置了3张藤椅，1张小方桌，就算客厅了。即便是外宾前来拜会也是在这里“招待”，颇有局促之感，但于右任却一直泰然处之。后来搬到忠孝东路（原中正路），“院长办公室”才稍稍扩充，但仍一室数用。内室略小，是他批阅公文和写字的地方；外室较大，是客厅，外宾拜会和宴客都在这里。室内除了沙发桌椅略为添置外，并没有其他陈设，倒是显示了于氏的“书生本色”。

初到台湾，蒋介石原本计划给这位国民党大佬一栋位于台北市铜山街的花园洋房，其中有讲究的会议室、客厅、起居间、写字间。前院宽敞洁净，后院有美丽的草坪。

但是平民化的于右任拒绝搬进去，而改在和平东路青田街7号住下。

青田街的那栋平房是于右任一位亲戚分配到的宿舍，借给他住的。这房子环境嘈杂，在临街的一间客厅兼书房里，他一有空就读书写字，安闲自得，对窗外的吵闹声似乎充耳不闻，大有“结庐在人境，而无车马喧”的况味。客厅中央有一张方桌，桌上铺着丝绒桌毯，在正对方桌的窗下，放着一把可以转动的圆椅，这是他晚年最亲密的伴侣之一。他每天睡觉的时间很短，只有四五个小时，上午9点左右到“监察院”办公，12时回家。午饭后，小睡片刻，如果没有应酬就留在家里。早晨坐在圆椅上读报，翻阅各种新出的书刊；上班回来，坐在圆椅上小憩，午睡后又回到椅子上，拆看信件和接见客人。逢事情忙碌时就舍弃午睡，在圆椅上打盹儿片刻。他的客人很多，三教九流，无所不有，只要谁想见都可以登门拜访，他从不拒绝；有人求他，他也必尽力帮助，甚至向部下亲信借钱来周济别人。到了临死，还欠下了一些债。

青田街住所的院子里有几株老树和几盆海棠花。除了客厅稍大，卧室和下房间简直小得可怜，他的卧室里放着一张木板床，被褥也并不柔软，但也一直不肯换张新床。于右任为人一向主张顺乎自然，他家园中的花木从不修剪。小水泥路也因为不加修铺，一遇雨季就长满青苔，穿皮鞋走过，常会滑倒。有一次他的长公子望德便在院子里跌了一跤，老副官宋子才也跌过一次。他自己因为常年穿布鞋，所以不曾跌倒。后来有人怕他的手杖在青苔上滑落，特地做了一个胶皮套子套在杖头上，以适应院中小路。只有每年春天，于右任过生日前几天，那条小路才彻底地清扫一下，因为每年生日，蒋介石总是亲自来道贺，而其脚下穿的是皮鞋。

每个月的后半月，于右任总不止一次地问秘书长："我的特支费还有多少？"如果还有没用完的他便拿起毛笔来开始列名单，请客吃饭，而不肯收归己有。宴客时，他一定先排好席次，而且特别尊重文人——包括作家、教育工作者和新闻记者，凡是做官的和文人同席，他总把文人排在上席。他自己是一个不带一丝官僚气的人物。

同时，对于"监察权"本身的运用，于右任也以他的智慧和经验，做了大幅度的修正和扩充。他集思广益，最后制定了非常时期监察行使暂行办法，提请依法给"监察院"两种职权：

梅庭——于右任在台湾北投的故居

于右任的书桌与会客室

一、纠举权：向被纠举者的长官提出，供他于最短时间作出决定撤职或其他行政处分；

二、建议权：是一种事先防止的办法。凡察觉对于应办事项奉行不力或失当者，得建议主管机关或上级机关立即做适当的计划或处置。

这两项权力比弹劾权灵活而迅速，抗战期间运用得很有成效。所以制宪时将它正式列入监察权限内，而且把建议权加重为纠正权，这都是于右任一片苦心孤诣促成的。

1934 年 4 月 20 日，于右任在国民政府纪念周报告“监察院两个月来的工作”，顺便说了一个小故事：“前几天有人对我说‘听说某监察委员对我过不去，请您帮帮忙’，我很郑重地对他说‘凡是政府的官吏，只要自己守法尽职，监察委员绝对不会无缘无故对你过不去；若是不守法、不尽职，再加上贪污横暴，监察委员自必依法提出弹劾。做院长的既不能指使，更不能阻止’！”言罢当即获得热烈掌声，事实上这也正是他担任 33 年“监察院长”的一贯作风。

尽管于右任身居要职，但他的生活却十分俭朴，家中的陈设极为简朴，可说是乡下人本色——他亦从不讳言自己是一个农家子弟。冬天，他喜欢在屋里生一盆炭火，在炭上煮一壶茶，一卷在手，悠然自得。刘世达说:“他吃饭很简单的，吃馒头和锅盔，越硬的越好！”

而且右老很有趣，喝汤时，他会把胡子绑起来，有时候编一编，看上去如他的草书一样潇洒。

有一次，蒋介石去看他，认为炭气可能损害老人的健康，于是建议替他换两个大电炉，于右任说“电费太贵了！”蒋介石说“以后电费就由‘总统府’开支好了！”半小时后，电炉送到了，可是于右任始终不愿把此事告诉别人，怕的是增加蒋介石的心理负担。

于公馆不设门卫，所以也不用通报，直来直往，与平民百姓的住宅一样。家里除了文房四宝外，没有一件像样的东西，身上穿的是土布袍子，鞋袜也是土布做的。于右任曾对人说:“我生平没有钱，年轻时以教书为生，现在仅拿公务员的薪水，所有办公费、机密费一概不收。袋里从不带钱，身上只有一个褡裢袋。别人的袋子是放银子的，我的褡裢袋只放两颗图章，参加任何文酒之会，或者有人馈赠文物，我别无长物为报，只好当场挥毫盖上两个印就算了。”

两次弹劾

在一段留存的生前影像里，留下了于右任在台湾“监察院”的小花圃里散步的身影。当年的“于胡子”已然全白，随着微颤的步履轻轻地扬动。如今花圃景观依旧，西式建筑的小洋楼也粉刷一新，满园的植物亦添了新绿，一幅生机向荣之景，但却少了昔日于右任踱步的身影。据秘书回忆说，那时的于右任年事已高，走路已见不便，但每早却必到办公室走一遭，一日不落，甚为勤勉。还在忙着安顿“监察院”的于右任心里清楚，来到台湾之后他必须先处理蒋介石最悬念的那件事。

在“监察院长”的办公桌上堆着一沓厚厚的弹劾李宗仁的公文。于右任清楚地知道，他必须为蒋介石架好上台的阶梯。

据时任“监察院”总务主任的关心全回忆，那时的李宗仁已经脱离了政府，不仅不听命于政府，且到处发表反对政府的言论。“那时候政府叫他回来，他也不听。你李宗仁是‘副总统’，但你却把职务都丢了不管，当然要弹劾他！”

事实上，迁至台湾后的“监察院”在于右任的领导下做了好几件“大事”。除了 1950 年 2 月 25 日“监察院”通过弹劾擅自离职的李宗仁案，还有一件则是 1957 年弹劾“行政院长”俞鸿钧案。

回顾 1950 年 3 月蒋介石复行视事，于右任在典礼上的位子透露出蒋介石对他的倚重。事实上，国民党从 1949 年开“国会”，于右任选为“监察院长”，而“立法院”“国民大会”“监察院”这三者在孙中山的心里都属于“国会”，因而，用政治学的角度去看的话，于右任可谓是名副其实的“国会议员”，而且是“议长之仪”，因而很自然地在 1949 年的大迁徙中同国民党的其他力量一起“挪至”台湾。

诗书比金贵

于右任的诗早在就读于毛家私塾时便已清朗可诵。他一生作品，经自己删存的将近几百首。《右初诗选》初版于1929年，1932年再版，加了王陆一的注解，之后也多次再版，最后的诗集全集初版于1978年，分上下两册。

纵观于右任的诗，其诗风最接近于南宋大诗人陆游，两人同是爱国诗人，也都文武双全，豪爽成性，亦儒亦侠，且并有北伐以澄清中原之志。不同之处有两点，陆游在仕途上一直坎坷不遇，未能一展抱负；反之，于右任则事功灿然，为民国元老。再者，陆游是南方人，而于右任是地道的北方人。

戰場的孤兒四首

舉國愁兵火，流亡何處歸？孤兒點點淚，溼透母親衣！
東村屋煨燼，西郭人逃亡；吾父征胡去，何時死戰場？
左鄰小妹妹，右鄰小弟弟，狂寇虜之行，居心不能計！
戰場幾孤兒，祖國幾行涕！何人衞祖國？中華此孩子。

于右任的诗

于右任的诗风豪放，这是他诗存中最惹人注目的一类，最能表现他的爱国情操和大丈夫气概。譬如早期的《杂感》：

柳下爱祖国，仲连耻帝秦。
子房抱国难，椎秦气无伦。
报仇侠儿志，报国烈士身。
寰宇独立史，读之泪盈中。
逝者如斯夫，哀此亡国民！
信天行者妄，避天行者非。

地球战场耳，物竞微乎微。
嗟嗟老祖国，孤军入重围。
谁做祈战死，卫开血露飞。

此外，于右任还有一些沉郁内敛的诗，此类更接近于杜甫的诗风，比如1923年的诗作：

我与江山共此愁，湖亭曾记雪中游。
当时载酒人安在？此日停车感不休。
百战无能酬死友，十年多泪洒杭州。
孤山梅放香樟翠，翻羡贤豪占一丘。

又如1926年的诗作《车过乌拉山》：

遥望乌拉山，连山起烟雾。
远远山下人，骑牛渡旁渡。
昔时战场今如故，夕阳红射乌拉树。
尼古拉斯血未干，牧儿长歌向何处。

此诗由沉郁转为悲恸。观其此类诗作，无外乎都与豪情相参。除了时而豪放、时而沉郁之外，于右任的诗作中还不乏平易、平淡之作。说起来这是宋人的特长，亦是陆游晚年所长，然于右任性情坦，易近人，折射于诗歌中自然是不乏此类佳作。最简洁的如“重阳今又到，怀旧复登临。风雨一杯酒，江山万里心”。平淡之中满溢豪情。

至于长篇的叙事诗，如《太白山纪游歌》《第二次大战回忆歌》等，则兼含以上三种风格，笔力惊人，庄中有谐。

除了诗歌外，于右任还是一位书法家。他的草书是近代书法的一绝，有许多人形容于右任是用字走遍台湾的人，现在有许多县市乡里，仍能够轻易看到或读到于右任的字。

为了学写字，他收集了不少碑帖。他学草书相当踏实，往往每天只学一个字，日积月累，两三年里，已经可以挥洒自如。晚年仍每天写字两三小时以上。他认为草书既省时又省力，相当实用。

刘延涛从大陆到台湾一路跟随于右任，除了担任秘书之外，还协助于右任编订标准草书。他毕业于北大国文系，对文字的研究颇深，特长是研究象形文字。这个专业让于右任很受用。1921到1964年的43年间，刘延涛和于右任等人共同编订了九版标准草书，至今仍被草书界采用。

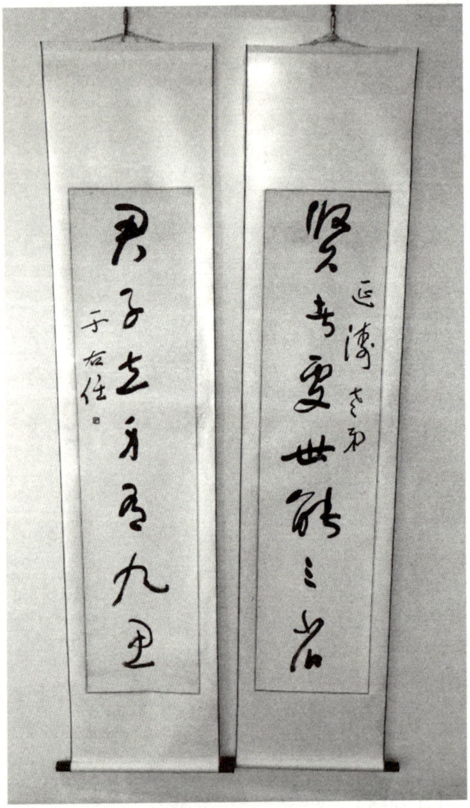
“贤者处世能三省君子立身有九思”，于右任在台湾被尊为“草圣”

于右任生前最后一任秘书胡恒说：“标准草书的研究是于右任、刘延涛领导的，我也是其中之一，开始在台湾研究标准草书修改就是我们三个人完成的。”在于右任的熏陶下，胡恒也写得一手好字：“他老了以后字也是我代写的，他好多信件来他不管的，我可以批，那时候信件都是我处理的。”如今在“监察院”内，依旧还可看到于右任当年留下的题字，于右任用他的笔走遍台湾各个角落，甚至当年的草书社在现如今的台湾民间依旧盛行。

据时任标准草书协会理事长的薛平南介绍，自于右任来台湾以后，就造成了台湾一股学习标准草书的风气。这种风气起初是从“监察院”开始的。时任“草书社”常务委员唐涛和刘延涛一样，都是第一届台湾草书社的成员。因为书法，唐涛和于右任结了缘。“他跟我讲，我现在要交代你一个任务，你现在要多跟刘延涛联络，我叫他派你做常务委员，标准草书常务委员。”

来台推行草书的于右任几乎每天一早起来就先练字，并将其称之为一种运动。就这样，标准草书在台湾扎下了根。如今在刘延涛生前的书房里，依旧收藏着许多于右任的真迹墨宝，女儿刘彬彬视若珍宝。“这些我一直摆了有一两年，父亲过世以后我整理东西时，我都不敢拿出去裱，就是怕人家知道，然后找我要买卖字画，我是没有办法买卖的，我有我的使命在，我有那么深的感情在这个里面。”

时至今日，走进刘家庭院，泥巴地变成了石板路。瓜棚下的餐桌位置如今也成了小桥流水。物换星移的 50 多年过去，房子里仍然有刘延涛的女儿刘彬彬对于右任满满的回忆：“我从来就没有感觉到说那个不是我的祖父，后来我大了我当然就知道了，因为他姓于，而我姓刘。可是小时候根本不知道，我父亲那时候讲叫‘于爷’，叫‘于爷’，我反正就跟着叫，只记得但凡跟我爸出去就一定可以见到于爷，就仿佛自己的亲人般。他用他的陕西话，叫我‘娃儿’，就是小孩子。印象里他的手特别的软，像一团棉花一样，他的胡子就像他写字的毛笔一样，他的字就好像他的胡子那么一挥，就有了标准草书的那个味道。”

在台湾 15 年，于右任每天至少得花 1 小时来满足民间的求字。虽然没有在台湾鬻字换钱，可是他的一手好字早在 1948 年 3 月“国府”举行副领导人选举时发挥了作用。

当时，根据1946年制定的“宪法”，这次大会要选举“总统”“副总统”。

于右任在国民党内威望甚高，加上为人正直，许多人希望他能出来参加竞选。竞选期间，一些人公开用钱买票，在各大酒楼开流水席，轮番宴请各地代表，还有的派说客携带衣物、食品、票子、金条四处收买代表。当时秘书就问他："右老，你到底要拿什么跟人家竞选？"于右任答他，"别人用条子我也可以用条子啊！我可以运用我的专长，我的书法很有价值，所以我可以写条幅来送给那些国大代表。"就这样，虽然没有钱，但决定给每位国大代表送一幅条幅。他果真用一个星期的时间，写了近2000幅"为万世开太平"的字，另备2000张签名照片，放在家中的客厅里，凡来看望他的"国大代表"人手一套。有的人不明白于右任的这种做法，问他："于院长，人家送金条，你用什么打发我们啊？"他听了，幽默地说："我也用条子（指书法作品）打发你们。"后来，有人问于右任："你这条子抵得上金条吗？"他说："'为万世开太平'几个字，肯定比金子值钱。"由于于右任没有请客送礼，因此，在第一轮投票时，他只得票493张，位居第四。显然，西北代表的支持和文艺界的响应，不敌政治现实，最终，李宗仁顺利当选副领导人。但落选的第二天，于右任去开会。当他走进会场时，支持他的代表起立鼓掌达10分钟之久。就这样，1949年前于右任竞选副领导人失利。同样地，1949年后，于右任在台湾竞选副领导人，再度落选。从此，75岁的于右任对政治不再有盼望。

1964年，于右任从蒋介石的人事布局中，看出蒋经国要接其父的班了。有一天，蒋经国来看望于右任，并对于说："许多人有于老的条幅，我却没有，可否题赠一条幅给我作纪念？"蒋经国的要求，正合于右任的心意。经过思考，他给蒋经国书写了一副条幅："计利当计天下利，求名应求万世名。"蒋经国看了这副条幅后，很高兴，当即向于右任表示，要将它挂在自己的办公室里。于右任的条幅在蒋经国的办公室挂起来后，很快在台北高层传开，而且做各种解读的都有。

"以万夫不当之勇创业"是于右任给李鸿超的座右铭，这座以于右任

于右任与蒋介石

命名的图书馆也是李鸿超创办的。当年一心想回故乡的于右任对这位同乡子弟的创校念头其实有所迟疑。“那时候我要办学的时候，他特别说我们要回去啊，你还办什么？他还是想回大陆，他并不想在台湾。”

无数具有代表性的事件里，于老的诗歌草书是他独一无二的标志。许多流于民间的故事中都伴随着为人所熟知的诗词和永久留存的墨迹。

1928 年 1 月，于右任与何香凝、经亨颐、陈树人一起到紫金山晋谒正在建造中的中山陵墓。何、经、陈都是著名的国画家，四人合作了《岁寒三友图》，由何香凝画古梅，经亨颐描翠竹，陈树人绘奇松，于右任在画上题了两首诗：

一

紫金山上中山墓，扫墓来时岁已寒。

万物昭苏雷启蛰，画图留作后人看。

二

松奇梅古竹潇洒，经酒陈诗廖哭声。

润色江山一枝笔，无聊来写此时景。

后来，他们又结成“寒之友”社，合作创作了20多幅《岁寒三友图》，依然由何、陈、经分别画松竹梅，于右任题写1928年作的那两首诗。1936年11月，何香凝在南京举办书画义卖展览时，这批《岁寒三友图》被抢购一空。

1958年，于右任的一位朋友在台湾的书市偶然发现了一帧《岁寒三友图》，以重金购下。后来，于右任的女儿看到了这幅图，十分兴奋，就把此画带回家给父亲看。这时于右任已80岁高龄，重见此画，勾起他对30年前往事的回想，不禁感慨万千，细细欣赏，却发现诗的最后一句遗漏一个“时”字，于是提笔补上，并赋诗二首：

一

三十余年补一字，完成题画岁寒诗。

于今回念寒三友，泉下经陈知不知？

二

破碎河山容再造，凋零师友记同游。

中山陵树年年老，扫墓于郎已白头。

后来，《人民日报》转载了于右任先生增题的这两首诗，林伯渠、何香凝、邵力子、朱蕴山等诸老纷纷步韵奉和，林伯渠的诗云：

不怕扫墓人白头，中山陵树绿悠悠。
当年黄埔分明在，风雨同舟忆旧游。

于右任写字曾有过许多趣事：有一次他到苏州邓尉山赏桂，归途经过灵岩山下的木渎镇，在该镇石家饭店就餐。饭店系清代翰林冯桂芬旧宅，建筑典雅，小有名气。于右任豪饮之余，诗兴大发，提笔在墙上空白处题诗一首：

老桂花开天下香，看花走遍太湖旁。
归舟木渎犹堪记，多谢石家鲃肺汤。

店主人不识于是何人，见于右任在他店壁上题诗，心中很不高兴。于的随从人员向他解释，于先生是国民党元老，又是著名书法家，平时请还请不到，他肯给你们饭店题诗，你们的生意一定会兴旺的。后来这事经一记者报道，许多游人来灵岩山游览之余，都要到石家饭店来观赏于右任的题诗，饭店的生意因此兴隆起来。

南京的马祥兴菜馆，也因于右任的题字而兴旺发达。马祥兴是北方人，当时在南京中华门外开设一小吃铺，于右任偶然来到这个小吃铺，觉得独具风味，第二天便派人送来了一幅字："马祥兴菜馆。"马祥兴的身价顿时倍增，从此生意兴旺，小吃铺成为南京著名的大菜馆。

乡愁

时间的推移挡不住于右任的乡愁。每年春天蒋介石夫妇总会造访这位国民党大佬，于右任八十大寿时曾留下的影像记录，国民党前来祝寿的高官云集，也是他难得一次的生日聚会。

刘延涛之女刘彬彬说："他每年生日的那一天，很早就出门去避寿。他好像觉得他不要过生日，因为国家这么艰难。也因为在台湾那个时候就是要'反攻大陆'，他老觉得他不应该过生日，所以他都会出去避寿。"

友人造访后的寂寥，使年过八旬的于右任越发思乡。于右任在刘延涛家停留的时间也逐渐加长，有时会吃完中饭，下午才回自己家。那时有一位大陆来的姚老太太，于右任经常将她请回家，晚上一起聊聊天，"聊他小时候的事情，因为那时候他一个人，夫人也都没有在身边，和家乡有关的老人，尤其是能谈到小时候事情，他都非常之愿意，非常之高兴。"李鸿超说。

20 岁那年于右任和高仲林结婚后便离开家乡，之后又陆续娶了三位妻子。

到台湾之初，一家人饱受分离之苦。发妻高仲林及长女于芝秀在原籍，幼子于中令及其母沈建华留居上海（中令时年仅十余岁，后送去台），大儿子儿媳又在南美洲，音讯难通，只能思念。

而于右任最想念的还是家乡。1962 年元月 12 日，他在日记中写道："我百年后，愿葬于玉山或阿里山树木多的高处，可以时时望大陆。我之故乡，是中国大陆。"并在这一段日记旁自注：山要最高者，树要大者。

一袭长袍就是于右任和家乡最亲密的联系了。那时他的衣物都是由

陕西籍“国大代表”为于右任祝八十大寿

大陆送到香港，再由侄女婿等人从香港带到台湾给于右任。

于右任有诗云：

> 两戒河山一支箫，
> 凄风吹断咸阳桥。
> 白头夫妇白头泪，
> 留待金婚第一宵。

从1946到1949年，三次的国共和谈里，于右任扮演着国共之间重要桥梁的角色。

于右任秘书胡恒说：“重庆和谈的时候，于先生请毛泽东吃饭，陪同的就是一个周恩来，一个王炳南，周恩来对于先生非常佩服，他说于先生是革命的老前辈，于右任的大女婿屈武，当年是共产党员……”

于右任和高仲林所生的长女于芝秀，嫁给了屈武[①]，屈武曾任中共政协常委。

于右任非常想念高仲林，于早年所着布鞋、白袜、衫褂、衣裤多为她亲手缝制。于右任到台湾后，始终将夫人早年为他缝的鞋袜珍藏在身边。1958 年，他与高仲林结婚 60 周年即将到来前夕，于从箱中取出夫人亲手为他缝制的鞋袜，抚视良久，写下了《忆内子高仲林》一诗：

> 两戒河山一支箭，凄风吹断成阳桥。
> 白头夫妇白头泪，留待金婚第一宵。

1961 年 3 月中旬，章士钊给周恩来写了一封信：“胡子（指于右任）最近给香港吴季玉先生来信说：‘今年是我妻的八十寿辰，可惜我不在大陆，今年她的生日一定会很冷落，不会有人理睬她的。想到这点，我十分伤心！’胡子的这种心情，请总理予以关心。”周恩来决定让屈武到西安去，以女婿的名义为于夫人做八十大寿。当时于夫人的寿辰已过了一个星期，但陕西的风俗，可以补寿。周恩来指示，陕西既然有此风俗，可以为于夫人补寿，决不能为这件小事情使于先生心中不安。于是，屈武带了儿子、儿媳以及先生的外甥周伯敏赶往西安，为于夫人祝寿。于夫人兴高采烈，形于辞色，宴会结束后，全体合摄一张照片，留作纪念。

事后，周恩来指示，要屈武给于先生写封信，把西安祝寿的盛况告

---

① 屈武，1898 年 7 月 16 日生，陕西渭南人。五四运动中，当选为陕西省学生联合会会长。1922 年 4 月，同于右任的长女于芝秀结婚。同年考入北京大学文科，1923 年春加入社会主义青年团，1925 年转为中共党员。抗日战争中，担任国民党军事委员会少将参议、陕西省政府委员兼建设厅厅长等职。1949 年初，任国民党和谈代表团顾问，赴北平进行谈判，后为新疆的和平解放做出了重要贡献。曾任第三、四、五届全国政协常委。

诉于先生，把照片也附去。屈武在写信时，想把祝寿的事是出于周恩来的关怀告诉岳父，但信中又不能直书，于是向邵力子先生求教。邵力子是于右任的老朋友，彼此相当了解。他说：“你在给于先生的信里，把对周恩来的称呼改成莲溪先生就行了。”原来，抗战期间在重庆时，邵力子和于右任住在一起，彼此常谈起历史名人，曾多次谈到北宋名儒、理学的奠基人周敦颐，周敦颐别号莲溪先生。邵与于谈起周恩来时，总是称他周先生。因此，屈武在信中写莲溪先生，于右任一看就晓得指的是周恩来，而别人看到是不会联想到周恩来的。

后来，于右任收到信和照片后，非常激动，特意托吴季玉带来回信，让屈武向周恩来转达他谢意。他对周恩来的称呼，也用的是“莲溪先生”。

1971 年，高仲林和于芝秀母女先后病逝。

于右任的几位妻子，为他生下了四女三男，除了大女儿留在家乡外，其他的孩子则陆续住进青田街的家。只是这位父亲心中还挂念着挚友的遗孤。

当年的患难挚友邱于寄的两个外甥女从大陆到台湾后，生活起居的方方面面都被于老深深记挂在心，对此，负责执掌具体事务的秘书胡恒记忆犹新：“无论生活还是什么，于先生什么都管着，当时钱是我送的，那两小孩过去在新店住，后来到美国了，现在都不知道什么状况了。那时候邱老死了以后，于老跟蒋先生写了封信，说让给 5 万块钱。”

后来，于右任将这 5 万元的借条放进了抽屉，但他万万没想到，另一张借条竟是为了自己的孩子。当年，他最小的儿子于中令非“出国”不可，于右任说，不可，这是有法的。不想竟遭反问“陈诚的儿子为什么可以出去？”，他答，“人家特殊，而你不特殊。”儿子不休，“你是‘开国元勋’，为什么不可以？”

于右任被于中令惹得又气恼又无奈，情绪甚为低落。最终给了钱让于中令也出去了。用钱就要有借条，于右任不写，叫杨亮功写，于是杨

于右任去世，各界人士为其护灵

亮功写好了借条拿给于右任，让他在上面签下了名字。

1964年11月10日，于右任因拔牙引起并发症而过世，享年86岁。由于个子高，当时甚至选不到一个现成合适的棺木，只得临时赶工定制，运回来时，甚至连棺木上的漆都未干透。刘彬彬回忆，葬礼之后，“忘记是隔天还是那天晚上，我父亲回来以后就起了疹子，那个时候听我妈妈说这个叫漆煞，就是对油漆过敏的一种反应。而我父亲大概因为情绪难以忍控，就趴在那上面，所以才会如此。”

而于先生留下的两张借条，亦成为其一生清廉的证明。

阳明山上那座可以远眺台湾海峡彼岸的于右任墓园，留着他的遗风，也留着他无法归乡的遗憾。正如他去世时的诗篇一般意味绵长。

葬我于高山之上兮

望我大陆

大陆不可见兮

只有痛哭

葬我于高山之上兮

望我故乡

故乡不可见兮

永不能忘

天苍苍　野茫茫

山之上　国有殇

孙科

孙中山之后

1973年9月12日,83岁的孙科因为心脏病发，逝于台北荣民总医院。在台湾生活了8年之后，临死之前的孙科是“总统府资政”和“考试院长”，但他究其一生都不能摆脱的头衔，是孙中山的独子。这是孙科引以自傲的旗帜，亦是困扰其内心的沉重包袱。

和孙中山一样，除了一些书籍和照片，孙科并没有留下太多遗产。后事由其子女要求按传统的方式承办，这一点也不合孙家基督教的传统。孙科晚年时方才相认的女儿孙穗芳在他的口中放了一颗大珍珠，双手握着白玉，口袋中则放了金银元宝，子女们还为孙科订了纸制的洋房、汽车和银箱。“总统府”的秘书长把阳明山军区的三分之一的山头开发出来，作为孙科的墓园。举行葬礼的那一天，宋美龄前来瞻仰遗容，行事至此，蒋介石夫妇也称得上是礼数周全。

名门之后，平常之人

孙科逝世后，蒋介石给了他“气量恢弘，才识远大”“功在国家，声驰寰宇”等诸多溢美之词，倘若孙科本人听到，恐怕也会认为并不贴近。虽然在很年轻的时候就投入了父亲开创的国民革命，但终其一生，孙科只是一个平常之人。

1891 年，孙科出生于广东香山翠亨村，母亲是孙中山的原配妻子卢慕贞，那个时候孙中山还在香港西医书院就读，关于童年，孙科曾经写下过一段忆述：“出生的第二年，父亲在澳门开了一家中西药局执业行医，所以我就跟母亲搬到澳门和父亲同住，不久之后又迁居香港。”但是孙科与父亲相聚的时间并不长久，1895 年孙中山领导的兴中会在广州经历了第一次革命失败。为了家人安危，孙中山将妻儿送往檀香山，住在大哥孙德彰的农场里。在那段时间内孙科学会了骑马，虽然时常从马背上重重摔下，但这大概是他童年最快乐的一段时光。由于父亲长期忙于革命事业，孙科的童年和青少年时期多半由母亲卢慕贞照顾，这也让他对母亲感情极深，即使自己成年后有了独立的家庭，孙科对母亲依然毕恭毕敬。

孙科在檀香山很少能见到父亲，但在 1910 年，刚满 19 岁的孙科还是决定加入父亲的革命组织，虽然孙中山从来没有说过要自己唯一的儿子继承衣钵，但是孙科参加了同盟会后的所有改革，也许来自孙中山的默默鼓励。

1912 年民国成立，孙中山在南京就任临时大总统，孙科陪同母亲和两个妹妹回到中国，随即又返回美国读书。也就是在那一年，孙科在檀

19 岁时的孙科

香山和当地华侨陈淑英结婚，两年之后，在加州读大学的孙科听说了父亲那场轰动一时的婚事：50 岁的孙中山娶了 23 岁的宋庆龄，年轻的新娘甚至比孙科还小一岁。并没有直接的文献可以让今天的人了解当年这对父子是否对这场婚姻有过任何讨论，唯一确定的是，孙科并没有参加父亲的婚礼。

孙中山一生有过三个女人，除了为他生下一男两女的卢慕贞和大家熟知的宋庆龄之外，还有一个是被他称为“革命伴侣”的陈粹芬，二人最早在香港相识，当时孙中山 26 岁，陈粹芬年仅 19 岁，二人很快坠入爱河。同盟会成立后，陈粹芬做饭、洗衣、印刷宣传品，甚至协助传送情报和运送军火的工作，对孙中山可谓无微不至。但在民国建立之后，陈粹芬却悄然引退，她的解释是：“我跟中山‘反清’，建立了中华民国，我救国救民的愿望已达到。我自知出身贫苦，知识有限，自愿分离，并非中山弃我，他待我不薄，也不负我。”1925 年 3 月，陈粹芬得知孙中山逝世的消息，她设坛遥祭 7 天，说：“我虽然与中山分离，但心还是相通的，他在北京病危期间，我几乎每天晚上都梦见他在空中飞翔。”

无论三个女人对孙中山如何情深意重，最后陪伴孙中山的还是宋庆龄。1915 年遭到袁世凯通缉的孙中山流亡日本，他把卢慕贞从广州老家接到东京，待了大概两个星期，孙中山一方面陪伴卢慕贞在东京四处看看；另一方面也趁这个机会与其协议离婚。虽然革命党人对他与宋庆龄的婚事多有劝阻，孙中山却执意而行，他留下一句著名的话：“我是人，我不是神。”

对于父亲与宋庆龄的爱情，以及对母亲卢慕贞的伤害，孙科几乎没有留下任何评论，但是从孙中山写给孙科的家书中，可以看出孙中山想拉近儿子和新婚妻子的用心：“父看过后，已交孙夫人看，彼看完再传之他人。实近日父得阅一书为 Cell Intelligence the Cause Evolution，其思想极为新驾乎近时学者之上，待孙夫人看完我当寄来汝，汝可译之，亦可开中国学者之眼界。”信中的孙夫人，当然就是宋庆龄。

孙科与父亲平日的沟通，多半只能通过书信和寄书。在美国读书的孙科，总是收到父亲一包一包的书籍，从中文到英文，从人文到社科，一一俱备，但是有一点，孙科始终记得，那就是父亲从来没有给他寄过

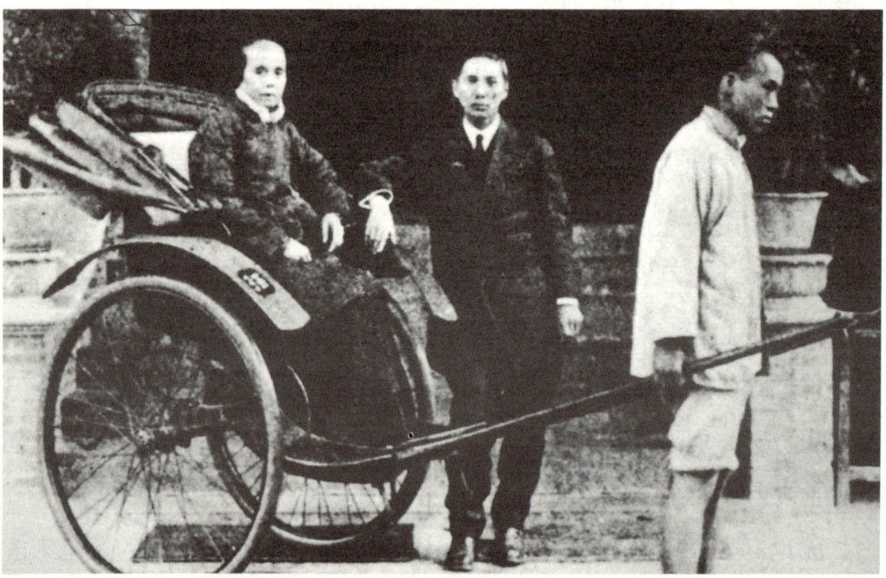

孙科与母亲

孙中山在檀香山与孙科

马克思的书。

台北孙逸仙图书馆曾经收藏着上万本孙中山当年寄给孙科的书，书里还有孙科当年阅读留下来的眉批。受父亲的影响，孙科一生酷爱读书，女儿还记得他在晚年依然每天下午短暂散步之后，一定要回到书房里读书看报。也许对于仕途上并不得意的孙科来说，他始终盼着可以用另外的方式，去实现当年父亲对他的期望。

1925 年孙中山病逝北京，留下 33 岁的年轻妻子宋庆龄和 34 岁的独子孙科。孙中山在世的时候，看似对孙科的政治生涯没有加以庇护或提携，但影响力却无处不在。对于自己唯一的儿子，他不仅充当着父亲的角色，更是一个人生的导师。孙科刚刚回国时，廖仲恺认为他在美国研究过市政，又有《都市规划论》这样的著作，是广州市长的理想人选，但是却被孙中山以年轻和缺乏行政经验否决，后来在胡汉民的劝说下才正式委任。1923年，因为筹集军饷的问题，孙科遭到父亲的责骂，孙科认为是胡汉民假借命令索钱，怒而用手杖打向胡汉民。据说孙中山知情之后曾怒不可遏，一手夺过卫士的驳壳枪，要打孙科。但无论怎样，父亲的存在始终是孙科最有力的依靠。

1925年之后的孙科，失去了大树的支撑，生活开始日益艰难。

反蒋拥蒋，摇摆多变

孙科 4 岁就随祖母移居美国夏威夷的檀香山，是哥伦比亚大学硕士，哥伦比亚大学荣誉法学博士。因此在政治理念上，他非常欣赏英美的民主制度。

与孙中山不同的是，孙科自始至终都是坚定地反共。早在他担任广州市长时，就以广州市党部为据点，形成了一个反对国共合作的“太子党”右派集团。在国民党第一次代表大会上，孙科发言反对国共合作，

孙中山全家福

遭到瞿秋白和毛泽东的驳斥。1924 年，他还联名他人向国民党中央提出了要求制裁共产党的提案。他还劝告廖仲凯，不要轻信共产党人。

奇怪的是，孙中山逝世一年后，孙科的政治态度发生了重大变化，从国共合作的反对派变身为联俄联共的拥护者。摇身一变成为武汉国民政府内一个国民党左派的重要领导人物。

这一变化的主要原因，来自孙科对蒋介石军事独裁的不满，也来自孙科对权力的渴求。

随着北伐的胜利，蒋介石的个人权力日益强大，严重威胁了孙科的政治地位。他说，“蒋介石这样把持着党，终有一天就要做皇帝了。”孙科感到只有联合共产党和苏联的支持，才能与蒋抗衡，于是，就鼓吹起联俄联共来。

出于利益的考虑，孙科提出提高党权、实行民主。否则，国民党就会变成一个“军阀的党、封建的党、代表压迫势力阶级的党”。

孙科的激进言论，使他赢得了国民党左派领袖的赞誉，也得到了共产党领导人的好感。陈独秀就称赞孙科是一个“真正的革命领袖”。

但在 1927 年蒋介石发动四一二事变前后，孙科的政治态度又发生一百八十度的转弯，再次举起反共大旗。他认为共产党的活动威胁了国民党的生存，大骂鲍罗廷[①]是“国民党里的共产主义阴谋家”。

看到北伐让中国实现了形式上的统一，孙科认为这给国家改造提供了一个“千载一时”的机会，他称“如果革命而没有建设，实在可说是完全失掉了革命的真意义”，并建议以渐进的民主方式促进国民党革新，

---

① 鲍罗廷，1884—1951 年，生于俄国西部一个犹太人家庭。1903 年加入俄国布尔什维克党，1923 年奉派到广州，任共产国际驻中国代表及苏联驻广州政府全权代表。被孙中山任命为国民党组织教练员，提出按苏联共产党的模式改组国民党的计划。1925 年国民政府在广州成立，鲍罗廷被任命为政治顾问。1927 年四一二事变后，遭到国民党南京政府通缉。同年 10 月鲍罗廷返回苏联。

这与蒋介石日益加强的个人权力显然背道而驰。与宋庆龄站在一起的孙科和蒋介石日益疏远。

1931 年，孙科就曾经指责蒋介石“以个人支配党，使党成为个人的工具”，在蒋介石的“独裁统治”下，“中国国民党已名存实亡”。他提出了自己的三条“党治”主张：一是以分权代替集权；二是鼓吹地方自治；三是主张国民党改善与人民的关系。

1932 年，孙科接受了中华民国立法院长的任命，亲自主持了宪法起草工作。孙科主持起草的宪法有不少条款是针对蒋介石的。其中的三条原则是：

一、总统、副总统由国民大会选出。军人非退职者，不能当任。

二、总统为国家元首，不直接负行政责任，任期四年，不得连任。

三、行政院长由总统经立法院同意任免。

但是，在蒋介石的强大压力下，1936 年正式公布的宪法里，总统已经拥有了至高无上的权力。原草案中“军人非退职者，不能当任”被删除，总统任期由 4 年改为 6 年，增加了“总统有权发布紧急命令及为紧急处分之权”。

抗战后期，孙科再次抨击蒋介石，要求实现国民党的民主化，呼吁实现多党制的民主政治。“应该坦白地承认过去 20 年来，党的机构和作风实在是走错了路。”

1944 年，孙科在《纽约时报》撰文，畅谈他长期以来对在中国实现英美民主制度的理想，他认为中国“必须先有贤明的政治领导，使中国及其人民迈向民主政治的目标前进”。这种政治主张，反映了国民党政权在陷入困境时，孙科试图以西方的模式来重新调整发展方向的努力。孙科从根本上否认蒋介石，这也让二人关系几乎彻底破裂。据说某一次孙科在江西坐船的时候，安排其坐的那艘船微微下沉，孙科起了疑心，要求把甲板撬开，结果发现里面有 300 多具尸体，孙科对女儿孙穗芳说：这是一次谋杀。

但是到 1948 年 4 月国民党政府在内战战火中进行正副总统选举时，出于党内权力斗争的需要，蒋介石却属意孙科竞选副手。孙科的支持者主要是广东派和 CC 派，而李宗仁则有桂系实力，更重要的是拥有美国的扶持。据说李宗仁在竞选中花掉 1000 多根金条（合黄金 1 万多两），并与另外两名候选人程潜、于右任建立同盟，相约无论谁在初选中得票较少，都要以所拥有的票支持得票较多的人。在三轮投票之后，孙科败给李宗仁。同年冬天，何应钦卸下行政院长的职务，转由孙科接任，这是孙科第二次担任行政院长，但是任期却不到 4 个月，国民党就在大陆垮台了。孙科在大陆官场的最后生涯，几乎是其政治生涯的终结。

1949 年 12 月 10 日，蒋介石离开成都飞往台湾，他走的时候，没有通知孙科去台湾。孙科只好去了香港，在此后的近一年里，台湾方面竭力阻止孙科去台，而孙科也意气消沉，对权力没了欲望。蒋孙之间的争斗这才告一段落。

风流倜傥，多情误事

和父亲一样，孙科一生中有过三段爱情，不同的是他始终和原配妻子陈淑英维持着婚姻关系。1932 年前后，孙科在上海通过杜月笙认识了年轻的教师严蔼娟，两人的关系一直断断续续，前后大概同居了 4 年。1936 年二人的女儿孙穗芳出生，但是在此之前，孙科已经认识了上海社交圈的名流蓝妮并迅速陷入热恋，蓝妮也成为他公开的二夫人。

容貌秀丽的蓝妮是云南哈尼族苗王后代，1935 年在上海的一次宴会上，孙科与蓝妮一见钟情，旋即邀请她担任自己的机要秘书，两人感情也与日俱增。在公开娶蓝妮为妻后，为了表示自己的爱意，孙科曾经亲笔给蓝妮写过一张字据："我只有元配夫人陈氏与二夫人蓝氏二位太太，此外决无第三人，特此立证，交蓝巽宜二太太收执。"1938 年，蓝妮在上海生下了女儿，名为孙穗芬。

严蔼娟和孙穗芳

1948 年，在孙科与李宗仁争夺副总统之位时，本来被公认有蒋介石为后台，应

孙科夫妇

当稳操胜券。然而此时《救国日报》头版头条刊登了一篇报道，称抗战胜利后，国民党的中央信托局没收了蓝妮的一批德国进口的颜料，作为敌伪财产处理，可是孙科致函国民大会秘书长，说这批颜料为“敝眷”蓝妮所有，要求发还，这个事件大大影响了孙科的声誉，一定程度上也造成了孙科的落选。落选的结果也使得孙科与蓝妮最后分手，因为面对《救国日报》所做的大肆诋毁，孙科不仅未替蓝妮公开辩解，反而努力撇清自己，这让生性倔强的蓝妮大为失望，二人也就此形同路人。

1950 年大概是孙科人生中最为沮丧的一年，除了权力与光环的瞬间远离，其家庭生活也频繁出现危机。13 岁的孙穗芳跟随母亲严蔼娟前往香港来到孙家，陈淑英和严蔼娟在家中厮打起来。

虽然当时只有 13 岁，孙穗芳却一生都记得孙家的儿媳妇用孙科的手杖钩母亲的腿，而自己则一把抓住她头发的情形。为了表示自己的愤怒不满，倔强的孙穗芳举起孙家的一个古董花瓶，声称谁敢碰她，就把花瓶扔出去。

出门之后，孙穗芳在停在门外的汽车中整整按了两个小时的喇叭。

孙科与两公子

因为在儿女赡养问题上存在分歧，严蔼娟决定控告孙科遗弃，这件官司轰动了当时的香港社会。

为了增加在法庭上的把握，孙科甚至向已经分手的蓝妮借当年严蔼娟收到女儿抚养费后出具的收据，因为这笔在名义上由孙科支付的抚养费，实际上是由蓝妮承担。蓝妮和孙科的女儿孙穗芬曾经说过，当年负责这件案件的律师把收据交还给蓝妮的时候曾经感慨："你是唯一一个我认识的年轻漂亮的女人养老头子的。"这句话的意思大概是，外界虽然曾传说孙科给蓝妮巨款买地皮建别墅，让人难堪的事实却是："我爹爹没钱，还向我妈咪要钱呢。有时我妈咪回家，用人告诉她，刚才老太爷来过了，放在外面的钱他拿走了。"

从这个意义上来说，孙科无法与父亲相比，即使与蓝妮热恋的时候，孙科也从来没有表现过与原配陈淑英离婚的意图，而强硬的陈淑英无论如何不肯让蓝妮进门，因此在夫人暂时离开南京前往上海的时候，孙科才会与蓝妮幽会；而一旦陈淑英有电话回来，孙科还会立刻回家听电话。也许对于彼时已经担任立法院长的孙科来说，不管是仕途还是情感生活，他从来没有真正舒展过。

流亡多年无奈回归

当国民党政府在1949年迁徙台湾的时候，孙科选择在香港养病。当年的他住在浅水湾道71号，当时的房子如今已经成为高楼，完全找不到昔日的踪迹。但是可以肯定的是，与刚抵达台湾的国民党政府内部激烈的权力斗争相比，远离政治核心、沉默面对局势的孙科在香港过了一段真正宁静的生活。事实上，那个时候美国已经不看好台湾，和孙科持同样想法、对局势呈观望态度的人，并不在少数。

孙科离开香港后曾短暂前往希腊和法国，1952年定居美国，这是孙科生命中最悠闲的时刻，大概也是他一生中最为窘迫的时刻。台湾学者

孙科年轻时在美国的留影

庄政曾经在著作中披露，当年孙科夫妇出国的路费居然都是靠卖掉房产方能凑足，在闲居美国的这段时间，孙科没有任何固定的收入，一直靠儿女的接济过日。他们和儿子在美国的寓所是一栋向当地人订租的房子，墙壁均由木板搭建而成，如同海边专供游人游泳后休息的那种临时房舍，“风一吹就开”。在和儿子共同生活的十几年中，孙科一直负责打扫各室内的清洁工作，包括卫生间，当年在国内也算风光无限的孙科此时每天都要用吸尘器做工；夫人陈淑英则从典型的少奶奶，变为开始要负责厨房的清洁工作的家庭妇女；儿子孙治强负责搬运重物品、做户外清洁工作。

关于在美国的生活，孙科自己曾回忆说：“在美国定居的一段悠长岁月中，友朋酬酢甚少，唯有国内去的朋友，才不惜远道来访；不能前来的，也多拍个电报或通电话，张君劢先生亦时相过从，所以除了偶尔出外小作旅游外，大部分时间都消耗在读书上面。”一直以热爱读书出名的孙科当年就曾在南京的家中悬挂一幅自己的得意之作，上书“养浩然气，读有用书”。在美国时候的孙科已经年过古稀，远离了纠缠数十年的政治斗争之后，孙科似乎得到了真正的休息，他每天步行到公共图书馆看书，经常直到管理员催促，方才恋恋不舍回家。除了在图书馆阅读之外，因为生活困难，孙科甚至无法购书阅读，只能偶尔买一些报纸和期刊，和其在国内显赫的家世比较起来，实在是太过凄凉。

曾经有人说过：“孙科能在大洋彼岸一旖旎小镇以读书为乐，实属国民党政要显贵中的凤毛麟角。说这是有惠于其父孙中山好读书的遗传个性，恐怕还不如说是受益于孙中山早岁对他循循善诱，力促其勤学苦读的一片苦心，更为准确得当。”从 1949 年到 1965 年年底，整整 16 年中孙科仿佛是个局外人，与蒋介石领导的国民党政府保持着若干距离。寂寞的阅读生涯，既是他难得的慰藉，大概也是他和父亲对自己的期望最后的联系。事实上，孙科在美国的生活相当拮据，各种杂事都要自己动

晚年的孙科

手，这对已经75岁的孙科来说，不是一件轻松的事。他萌生了回台湾定居的想法。

1962年9月，孙科特意从美国西海岸赶到华盛顿参加第32届“中美文化基金委员会”会议，在此期间他接受了台北一家报纸驻美记者的采访，这次采访也被认为是他通过台湾媒体向蒋介石表示“我很想回台湾看看”的愿望。1962年“双十节”前，孙科的同乡、广东中山籍的“立委”刘崇龄向“行政院”提出质询：“哲生先生功在国家，过去曾担任过国民政府的副主席和‘行政院’‘立法院’的院长，最近孙先生言辞之间，也怀念台湾的老朋友，同时表露出有思乡之感。”同样是中山籍的“行政院”副院长王云五则代表当时的“行政院长”陈诚肯定地回应：“政府非常欢迎哲生先生回来，而且在筹备中的第三次阳明山会谈，哲生先生也列入优先邀请的名单中。”在回台的时机上面，双方最终约定在孙中山的百岁诞辰，这显然再合适不过。

1964 年 4 月，孙科在体检中发现有轻微的高血压，加上小便有血球，担心是膀胱癌的他进行了一场手术，休息了几个月后方才痊愈，因此在自己的《八十述略》中，他返台时间的确定主要是由自己的健康状况决定：“1965 年是国父的百年诞辰，‘国内’准备热烈纪念，各方友好纷纷来信劝我‘回国’。其实个人早就想‘回国’来看看，只因健康关系，迟迟未能成行。现在既然痊愈，遂毅然决定‘回国’。”1965 年 10 月 29 日，孙科抵达台湾，在松山机场迎接的人超过 3000 人，这让在国外默默生活、备受冷落了十几年的孙科夫妇潸然泪下。

孙科抵达台湾的第二天，蒋经国陪同他和儿子孙治平专程飞往台南晋见蒋介石。从 1949 年广州分手，两人已经 16 年没有见面。他们心照不宣，媒体却报道说，两人相见甚欢。蒋介石还把自己曾经住过的阳明山第一宾馆交由孙科和其家眷居住。这栋日式的平房环境清幽，孙科在

1965 年，孙科从美国返回中国台湾

这里度过了人生的最后岁月。

学者分析说，这个时候的蒋经国已经在岛内全面掌握了权力，蒋介石传位于子已成定局，这大概也是孙科可以顺利返台的重要原因。

1965 年 11 月 12 日，孙科出现在台北举行的孙中山百年诞辰纪念会上，表态拥护蒋介石的英明领导，"反攻大陆"。蒋介石对此心领神会，提名孙科当了"总统府资政"。

"总统府资政"是蒋介石用来安抚党内失势高层的闲职，对于孙科来说，仅仅是有了一份稳定的收入，在美国时的窘迫生活也成为历史，但是并不能有任何作为。1967 年 9 月，大概考虑到孙科已八十高龄，不存在任何威胁，蒋介石又给了他"考试院院长"的职位，孙科曾经对此在回忆录中说："'回国'以前，自忖年华已高，本想不再从政，但因'总统'之命，不敢不遵。而今'反攻复国大业'，凡为国民，皆有责任。接长考院，亦所以尽绵薄，赎前愆，所以未便谦辞，毅然受命。"

孙科与蒋介石、蒋经国父子的合影

但是实际上，孙科在“考试院”中同样没有掌握实权，仅仅是负责一些礼仪工作，因为国际上对孙中山的推崇，孙科时常出外访问或参加会议。不管如何，晚年的忙碌让孙科多少找回了年轻时的感觉，对于他这样的老人来说，在休息了十几年之后，再也不需要那样寂寞冷清的所谓休息。“考试院院长”这个虚职，是孙科最后的政治舞台。回顾孙科一生，由于自幼接受英美教育，加之父亲革命事业的影响，不能说他对中国政治没有一个好的期待，但由于种种原因，某些方面他并不了解中国社会现实。与其父深入权衡中国社会阶层，并吸取各种强有力帮助不同，孙科过于相信英美社会的经验复制，这大抵也是多年与蒋家斗争，却最终变相妥协的原因之一。

孙穗芳是孙科的6个孩子之一，据说也是所有的孙辈中和孙中山相貌最相近的一个。虽然对父亲的记忆大都并不美好，她依然每年从夏威夷回到父亲的坟上祭拜。作为孙科的私生女，孙穗芳曾经非常心酸地回忆，小时候她和母亲严蔼娟住在上海，每天上学时总要经过一家眼镜公司，名字叫“O I SEE”，上面的广告是孙科的照片，每次经过的时候孙穗芳都要想，哦，这个是我的父亲。

30岁的孙穗芳与父亲孙科

1965年刚刚抵达台湾的孙科，在当年日本天皇的夏宫里见到了孙穗芳，这个时候的孙科已经75岁，满头白发，垂垂老也。孙穗芳忍不住问父亲："你为什么不要我？"孙科对此的回答是："从来也没有不要你。"虽然在30年骨肉分离的事实面前，这样的回答显得太过苍白，但是当孙科吻孙穗芳的面颊时，孙穗芳依然泣不成声。孙穗芳曾这样描述当时的心情："当父亲说'现在一切都好了'时，我能感觉到父亲那深厚的感情和自此感到轻松了些许的心境。长辈之间的纠葛是他们自己的事情，虽然曾感到这个世界对自己不公平，但我常常告诫自己保持宽容的情怀。"

从那个时候开始，孙穗芳每年都会回到台湾两次看望父亲，直到1973年孙科病逝。年迈的孙科有每天睡午觉的习惯，但是每当女儿来台湾看望他的时候，孙科也每天和女儿相伴，从早谈到晚，似乎是想弥补已经不可挽回的过往时光。但即使这个时候，孙穗芳在孙家依然没有得到认可，陈淑英并不愿意这对父女相见。孙科甚至会为此使用一些小手段，比如当陈淑英去医院检查身体的时候，如果医院要求她多住一个星期，那大概就是孙穗芳要在台湾多待一个星期了。虽然已经彻底原谅了父亲，孙穗芳还是对自己在孙家不受尊重感到难以释怀，她曾经说过："这些年来，有些人可能是因为政治原因或是其他个人的目的，总对我是孙科的女儿耿耿于怀，甚至于用许多挑剔的话对我加以伤害。我想，连我父亲都承认自己的女儿时，其他的人有什么理由来说三道四呢？"

孙穗芳于1965年和香港首富王时新之子王守基结婚，婚后生有两子王祖荣和王祖耀，孙科对这两个外孙分外喜爱。1970年4月，79岁的孙科从台湾到美国加州大学伯克莱分校领取哈士国际奖，由于夫家身家深厚，孙穗芳安排父亲和大哥孙治平到檀香山小住，并安排他们在豪华的希尔顿酒店总统套房下榻，对于曾竞选国民党政府副总统失败的孙科来说，人到暮年第一次住进总统套房，实在是难以言说的复杂感受。

在那些父女相聚的夜晚，往事不堪的回忆，在时过境迁后都成为父女谈心的话题。1972年的时候，孙科曾经谈起22年前在香港那次激烈的父女见面，孙科问："拿了大花瓶要扔的是你吗？"孙穗芳没有回答。

台北市北投区泉源路 25 号，龙邦侨园会馆。据说日占领时期孙中山曾在这里小住。孙科一度在此居住

孙科继续问：“在门外按了两个小时汽车喇叭的是你吗？”孙穗芳反问父亲：“What do you expect to me，I was only thirteen years old。那放狗把我们赶出去的是你吗？”

上一代的恩怨已经无法解开，严蔼娟始终跟孙穗芳说：“你有没有看到这个大妈妈，脸上都是横肉。”孙穗芳也始终不能忘记陈淑英穿着镂空的皮鞋踢自己母亲头的画面，但是如今在陈淑英的坟前，孙穗芳依然请求原谅，她说：出生在孙家不是我自己愿意的，我要求她原谅我做了我父亲外室的女儿。她不喜欢我，我还是要结束这段冤孽。

晚年之后，孙科常对别人说，女儿孙穗芳最孝顺。在孙科 81 岁生日那天，孙穗芳寄了 500 美元给父亲，虽然数目不大，孙科对此还是非常高兴，给女儿的信中也充满了喜悦之情。孙穗芳还经常按照父亲开来的药品清单，在香港给台湾的家人购药，再由大嫂带回台湾。即使远在美国，她还负责供给父亲所需的衣物，孙科每次收到女儿寄给他的新衬衣等，都立即穿在身上。

1973 年 3 月是孙科最后一次参加公开活动，这天是孙中山逝世纪念日及台湾植树节，孙科到台北中山公园手植了一株连翘树，随后就闭门静养。

8 月 26 日清晨，孙科突感胸痛，呼吸困难，经医生诊断为急性心肌梗死并发心脏衰竭。

9 月 13 日，孙科病逝于台北荣民总院。

对于自己已经时日无多，孙科早有预感，早在 1973 年 4 月中旬，孙科就写信给儿子治平和儿媳说自己将不久于人世。

孙穗芳每年都会特意回到台湾给父亲和大妈妈陈淑英上坟，当年水火不容的三个人如今已经统统不在人世，上一代的恩恩怨怨，都已经随着时间化为了尘土。也许对于孙家的后人来说，家族的盛名是一生都不能摆脱的耀眼光环和苦涩负担。

香港公祭孙科

陈立夫/世纪人生

蒋三叔的厚待

陈立夫称蒋介石为三叔。

蒋介石在日本军校留学时，结识了陈立夫的二叔、辛亥革命志士陈其美。陈其美大佬蒋9岁，和蒋介石是相交莫逆的结拜兄弟。陈与蒋介石、黄郛结拜时，按年龄，陈为老大，黄为老二，蒋为老三。这之后，陈其美的下一辈便称蒋介石为“三叔”了。

陈其美在1916年被袁世凯派人在上海被刺杀的时候，没人敢问，只有蒋介石敢去帮他收尸，等于算是收殓。而后他还替陈其美写了悼文，蒋介石在祭文中自称是“盟弟”。此后，蒋介石对陈立夫照顾有加。

陈立夫1900年出生于浙江湖州，他弱冠之年在北洋大学读矿科时，有一天，随哥哥陈果夫去看望叔叔。结果碰到蒋介石、于右任、戴季陶等人在聚会商议军事起义。众人在他到来时，止住话头，问他的人生志向，他答道：工业建国，须从煤铁入手。我志在采矿。大家听后，非常称赞。

但在那时，陈立夫家因为革命被袁世凯抄了家，变得非常贫困。他靠着父辈的朋友资助，自己在假期打工，帮人测量田地，好不容易才从大学毕业。后来能弄到钱到美国深造，陈立夫完全是靠了运气。当时，他有一位富亲戚的儿子不肯念书，那家人想让学业优异的陈立夫带他出国，换换环境，看能不能浪子回头。条件是资助陈立夫部分旅费和学费。陈立夫答应下来，带着亲戚的儿子到美国匹兹堡大学攻读硕士学位。周末去饭馆打工补贴生活，还要教亲戚的儿子英文。一年后，陈立夫拿到了硕士学位，要到煤矿实习了，浪子还是浪子。没办法，只好送那人回家。后来听说这浪子卖光了家产，变成乞丐，死于一座桥下。

陈立夫大哥陈果夫

1924年，陈立夫取得美国匹兹堡大学的冶矿硕士，一心想成为工程师的他在史克兰敦当了8个月的实习矿工，准备回国后搞实业救国。然而，大哥陈果夫一个催他回乡的越洋电话改变了他的命运。

1925年陈立夫回国，当日就接到了工程师的聘书。但大哥陈果夫催促他到广州给蒋介石帮忙。陈立夫志不在此，不想干，大哥说，你见了介叔当面说吧。到了广州，蒋介石不由分说，直接下命令，让他担任黄埔军校校长办公厅机要秘书。

陈立夫由此成为蒋介石的核心幕僚。

多年之后，陈立夫叹道："从此开始，我的一生志愿全部落空了！我是来帮助一个伟大的人物实现他的救国之大志……"

这似乎才是陈立夫一生的使命。

陈立夫说："我在名义上虽然是黄埔军校的秘书，但实际上是在官邸办理他的私人重要机密文件。那时我才27岁，体力充沛，虽然睡的时间甚少，但精神很好，工作很勤奋，蒋先生所交代的事都能如期完成。"

甫一上任，陈立夫就做了两件让人另眼相看的事：

一是力劝蒋介石放弃去苏联的打算。1926年3月中旬，蒋介石带陈立夫，拿了去苏联的护照，准备去苏联考察。他们从广州东山公馆乘车去珠江码头，准备经香港转道莫斯科。在车上，陈立夫以他在美国对苏联的了解，力劝蒋介石不要去，并认为这是汪精卫的阴谋，"名为考察，实为充军"。蒋介石在途中徘徊数次，长叹一声，终于决定不走。紧接着，蒋介石以汪精卫和共产党企图绑架他为名，发动"中山舰"事件，逮捕海军局代局长、共产党人李之龙，逼迫汪清卫逃走，逼共产党退出他掌控的第一军。这成为蒋介石 1927 年“清党”的预演。

二是由蒋介石口授，陈立夫执笔，起草了北伐宣言。并于当年 8 月誓师北伐。

蒋介石在黄埔军校当校长期间，诸事不顺，脾气非常大，动不动就开口骂人。有一天，陈立夫对他说：“校长，你的脾气很大，他们被骂的人受得了，我是受不了的，如果你拿对他们的态度对我的话，那我明天就把铺盖搬走。”陈立夫还给蒋介石讲了德国元帅兴登堡的事例，兴登堡是天才军事家，曾经一仗俘虏 24 万俄国大军。兴登堡告诫自己在压力最大的时候也不发火，他的名言是“发脾气是自己惩罚自己”。这之后，他侍奉蒋介石 25 年，蒋从来没有当面对他发过火。

1927 年，国民党进行“四一二清党”行动，陈立夫奉蒋介石之命，成立中央组织部调查科，成为国民党党内安全特务机构，专门收集党员背景和动态。陈立夫在生前接受采访时说：“（调查科）名字很普通，专门就是为了对付、调查统计共产党的工作。我们把它击败，他们有什么机构我们要破坏掉，就这样。这个工作我只做了一年，一年之后我就调到中央党部任秘书长，从科长一调调到秘书长，升了好几阶。”

1926 年，陈立夫任国民革命军总司令部机要科长

陈立夫在他 29 岁时，升任国民党党部秘书长，成为党内最年轻的部长级人物。他所领导的调查科后来扩大为中统局，与戴笠的军统局并列国民党政府两大情资系统。

1931 年，陈立夫担任国民党组织部部长，掌握党内人事权。因其哥哥陈果夫是前任组织部部长，陈家确立了“蒋家天下陈家党”的地位。坐落在山清水秀间的台湾政治大学，是陈立夫和陈果夫兄弟训练国民党员的党务学校。当年的毕业册和课程大纲记载着国民党以党领政的足迹。91 岁的老校友孙如陵，唱起当年的校歌仍记忆清晰：“‘政治是管理众人之事，我们就是管理众人之事的人’，那时候教你什么东西都是军事管理，我们这些人都是穿军衣，（教的）都是党方面的，比如要忠党爱国，要建设中华民国，要为全中国服务，‘亲爱精诚’就是为国家服务嘛！”

陈立夫任职于国民党中央党部秘书长，至苏州督导党务时所摄

在“蒋三叔”的厚爱下，陈立夫少年得意，顺风顺水。历任中央组织部调查科主任、军事委员会机要科主任、中央党部秘书长、中央执行委员、常务委员、组织部长、社会部长、国防最高委员会委员、军事委员会第六部部长、国民党政府训练总监部政治训练处处长、建设委员会秘书长、土地委员会主任委员、国民政府委员、教育部长、立法院副院长等要职。

在抗战中兴办教育

回顾自己的一生，陈立夫最得意的不是跟随蒋介石鞍前马后护驾、充当指挥棒、传声筒的日子，而是自己主管教育部的政绩。

1938 年的一天，蒋介石召见陈立夫，要他去当教育部长。陈不明就里，因为他当时任国民政府军事委员会第六部部长，主要掌管民众训练，负责战区青年的组织和教育。同时他还负责关乎党内安全的“调统”工作。蒋告诉他，现在沦陷区的教师、学生如潮水般涌入大后方，生活无着，情绪激动，时任教育部长王世杰难以胜任请辞。现在必须把这些人安顿好。

陈立夫说，如果当教育部长，就不能再兼任其他工作。蒋表示同意。当时，戴笠是陈立夫手下处长，陈立夫这一走，使他日后成为国民党特务机关首脑。

陈立夫走马上任时，教育部人心浮动，以为这位前秘书长和组织部长会利用自己的人脉与权势，更换班底。殊不知，陈立夫是一个人来的，到教育部上班的第一件事就是宣布用人为才，一秉大公，所有人员一律留用，缺人的席位按能力选聘。这一招大得人心，使其工作得以顺利展开。

抗战爆发后，内地的高校纷纷内迁。但由于战争炮火的洗劫，内迁的高校几乎都受到了重创。据不完全统计：战前的 108 所高校，内迁的有 94 所。多数学校流亡在途，数次迁徙。迁徙次数最多是广东文理学院，先后九载十迁，颠沛流离之苦，难以尽数。各个学校的图书、仪器损失超过 60%。许多师生义愤填膺，反对上课，要求投笔从戎、血洒疆场。

面对这一空前的大难题，陈立夫认为有两个问题是当务之急：一是“量”的问题，内迁的学校是紧缩合并，还是各办各的？二是“质”的问题，是按所谓国难教育思路，一切教学都与军事相关，还是坚持平时教育？

此时，蒋介石心中已有主意，他提出了“战时教育需作平时看”的观点：“我们切不可忘记战时应作平时看，切勿为应急之故而丢却了基本。我们这一战，一方面是争取民族生存；一方面就要于此时期改造我们的民族，复兴我们的国家，所以我们教育上的着眼点，不仅在战时，还应该看到战后。”

为贯彻蒋介石的思想，陈立夫认为，教育乃为国家储备人才，学校数量不仅不能减少，还需要相应增加。同时，战时教育应是正常的课程为主，另外开设军事教育，加以特殊训练以备随时征召。其中心是“为在德智体各方面培养健全之公民，使其分负建国之艰巨责任，故青年之入校修业，自国家立场观之，读书实为其应尽之义务。使青年而有废学之现象，实为国家衰亡之危机”。从而对战时的教育进行了规范。

孔子第75代孙孔祥熙时任国民党财政部长，他对办教育有着天然的情感，陈立夫利用他与自己的关系，多次游说他拿出钱来办教育。战时国运艰难，财政收入减少，军费支出浩繁，在一般人看来，此时的教育文化为不急之务，不应为此耗费巨款。可是，此时的孔祥熙与陈立夫观点一致，认为抗战与救国必须双管齐下，培育人才与抗战同等重要。因此，孔祥熙不顾行政院与财政部内部人员的反对，对于战区青年学生的救济，对于中等以上学校的贷款等费用，一概批准由国库支出。其数额之巨大，仅次于抗战期间的军费支出。

陈立夫说：“我在抗战期内，在教育行政上能有施展，全靠孔先生对教育费用的慷慨支给。”

蒋介石的默许、孔祥熙的支持，使陈立夫能在那样艰难的环境下，对教育制度进行了改革。改革的主要内容有招生制度、考试制度、训育

对日抗战期间，陈立夫任教育部长，检阅童子军

制度和贷金制度。招生由多方自招，改为一家牵头，统一招生；考试改为大学统一考试，统一了标准；贷金制度是陈立夫以个人名义借贷建立的。对全国公立专科以上学生发予贷金，每人每月 8—10 元。仅 1938 年一年，受政府资助的学生和教师共有 5 万多人。贷金制度是确保内迁学生能够继续求学的必要保障，如李政道、杨振宁等世界知名科学家能顺利地完成西南联大的学业，皆得益于贷金制度。这些贷金以后并未偿还，这等于政府向学生无偿提供了学费和生活费，贷金制随后改成了公费制。

台湾前“监察院长”王作荣，现在提到那段岁月依旧难掩泪水：“那时的名义叫贷金，就是借给我们钱，将来我们要还这个钱的。我对这个政府到现在还心怀感激，不然我们那个时候穷得不得了，仗也打得家乡乱七八糟，哪有钱去留学？哪有钱去读大学？都是政府给的。”当时年轻的王作荣，曾经跟着陈立夫迁徙到大后方重庆，并在硝烟战火中完成了大学学业。“那时候我们都是十几岁、二十岁的小孩子，都跟着跑。我们一直跟着政府军跑，政府要我们去打仗我们就去当兵，不要我们打仗我们就去当学生，反正全是跟着政府跑哇！”

对于贷金制度，陈立夫一直到晚年都非常得意，特别是当他听说许多大陆学者至今还在感念抗战期间得以公费就读国立大学是“陈先生之恩泽”时，脸上笑开了花。

他说，“我献身党国数十年，于党政工作，多所参与，成败得失，有待公平，唯有战时这一段教育行政工作，虽然未必能达到理想，总算对于国家，竭尽绵薄。我总觉得百年树人的教育文化工作，乃是最有意义积极的工作，而教育文化事业的兴办，乃是最有收获的‘长途’的投资。”

陈立夫一心想当个采矿工程师，夙愿未成终成一生遗憾。抚今忆昔，他常常将 7 年的教育作为自己平衡得失的弥补。他在自述中写道：“我想我既无机会采煤矿，何不转而开开‘文化矿’呢？”这对国家民族来说，倒是“从根救起”的工作。

福大命大

陈立夫先后有三次死里逃生的经历。

1932年，国民党大佬们开会，要请正在下野的蒋介石出山。命陈立夫去杭州面陈中央决议案。事情紧急，陈立夫就搭乘一架教练机飞往杭州笕桥。那是一种座舱没有盖的飞机，只能坐两个人。前边是驾驶员，后面是陈立夫。飞机快到笕桥时，突然阴云密布，雷雨交加，雨滴打在人脸上生疼。他们完全看不到地面的情况，也没有导航人员的任何指示，更要命的是油料即将耗尽。陈立夫和驾驶员都吓傻了。盘旋数分钟后，天空总算露出一线视野，他们紧急下降，终于平安落地。驾驶员惊魂未定地说，再过5分钟看不到地面，我们就机毁人亡了。

抗日战争时期，从南京撤到武汉的国民党要员们要再次撤往重庆。

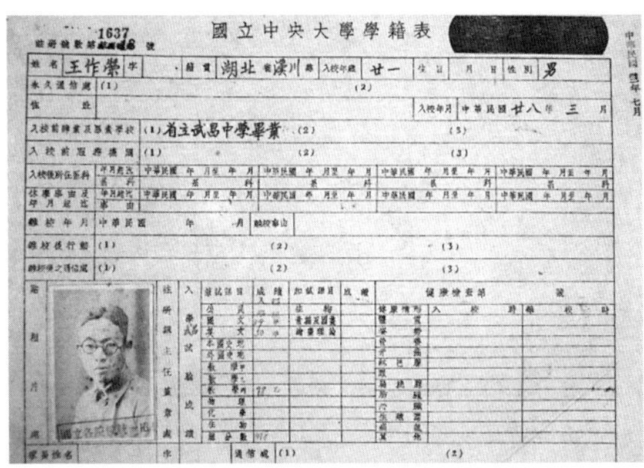

台湾前“监察院长”王作荣就是靠陈立夫创办的贷款读完了大学，这是他的学生证和学籍表

当时蒋介石的“文胆”陈布雷邀请陈立夫乘船走水路，先到洞庭湖，经长沙到贵阳，再到重庆，一路可看不少风光。刚卸任的浙江省主席朱家骅让他从飞机走空中。两人都送票给他。当天晚上，陈立夫做了一个梦，梦见天上有一只老虎跳下来要咬他。他惊醒后想，到底怎么走呢？虎从天上来，我必须往上走才能避祸，便坐飞机走了。不久，他接到了陈布雷的消息，说是他坐的船在洞庭湖中被日本飞机发现，认为上面有重要人物，对船进行俯冲扫射。陈布雷住的船舱里有两张床，结果给陈立夫留的那张空床上中了三颗子弹。陈布雷说，谢天谢地，你没有跟我来！

1949 年，陈立夫陪同阎锡山飞往台湾。他们是晚上出发的，不料飞机在四川与湖北的交界处遇到寒流，机翼结冰，突然下坠二三百米。飞机不敢再飞。到达成都上空，陈立夫看地下灯火明亮，怀疑是飞到了已经被解放军占领的武汉，便悄悄拔出手枪，准备在落入共军之手前自杀。后驾驶员报告已到成都，方知是一场虚惊。下来后，驾驶员说，飞机上有阎长官携带的金条数十箱，致使飞机超载，空中下坠。

陈立夫登上美国《时代周刊》封面人物

次日起飞前，陈立夫代表大家与阎锡山商量，最好不要超重。阎锡山说，减少几个卫士就好了，金条是非带不可的。

陈立夫说：“金条对阎长官确实十分重要，唯我等之生命，几因此而遇险，不亦冤乎！”

幸好飞机平安飞抵台湾。

命运逆转

对于国民党来说，1949 年无疑是一个“迁徙”年头，那一年，蒋介石到了台湾，带来了一批国民党官员。在这群人里头，就有陈果夫陈立夫兄弟。此二人在大陆炙手可热，被封为“蒋家天下陈家党”，所谓“陈家”指的两兄弟所领军的国民党“CC 派”。当时，陈家的政治势力仅次于蒋家。但在台湾，陈立夫的命运却发生了大的逆转，最后被迫出走美国。

国民党面临存亡绝续的考验。失去江山的蒋介石决定重整国民党。

陈立夫此时已有退意，他对蒋介石说，从历史上看每次我们党面临较大挫败后，都要把党改造一下，以重振革命精神。党未办好的事和一切缺失，最好把责任推给我两兄弟，党改造后我兄弟二人亦不必参加。以利总裁重整旗鼓。当时蒋介石没表态，不久后他就让陈立夫组织一个班子起草改造国民党的有关文件。

但是，事实上，陈立夫已经失去了蒋的信任。

“CC 派”最后一位“当权人物”，前“立法委员”梁肃戎亦曾见证了那段政坛变动。“老先生（蒋介石）就是觉得陈立夫在大陆当组织部长，把大陆丢掉了他要负主要责任，所以到台湾来之后就要改造党。国民党中央说要重新整理党纪，这是个表面的理由，事实上就等于是整肃‘CC’。”

以陈立夫为首的“CC 派”，在当时是国民党最大的派系，尽管在台湾“立法院”握有绝大多数席次，仍面临着无法掌握的变局。根据国民党党史馆主任邵铭煌的解释，当年“行宪”以后，陈立夫身为组织部部长，地方各人士的提名、选举都是由组织部在运作，因而就很自然地集结成了“CC 派”这样一种很大的力量，并且可以用这个力量来挟制他不满意的陈诚，因为分属不同派系的陈诚是三青团出身，党跟团难以避免有互相挟制的可能。

对此说法，在陈立夫身边时间最久的三媳妇林颖不认可："在他（陈立夫）的回忆录里，没有'CC派'这个所谓派别。这个'CC'是Central Club的简写，因为还在南京国民政府的时候立法院就有一个俱乐部，叫作中央俱乐部，所以就刚好把'CC'当作是陈立夫、陈果夫的简写。事实上，'CC派'的意思并不是说就确有'CC派'，而是说每个人都有人缘，我理解这是一个人缘的关系，大家谈得来或是觉得这个人讲话比较有诚信，或者就是觉得合作空间会比较大一点，我觉得应该是这个意思，但不是真正的所谓'CC派'系。我公公他一直说，他没有任何的派系。"

人们普遍认为是陈立夫与陈诚势不两立，导致蒋介石只能丢卒保车，重用手中有兵权的陈诚，丢弃跟随他半生的大秘书。

说起这段岁月，林颖认为公公当时的选择是一种牺牲，虽存有无奈，亦不失为是正确的选择。

"当时陈诚是武官，等于说有军队在手上，我公公是个文官，他左手右手都是蒋介石的助手嘛，其实当时蒋介石也有他的苦衷，如果在可以的情况下，他不会放陈立夫去美国的。其实那就等于说是放逐啦。我公公离开台湾也是为了整个大局的安定，也算是一个牺牲嘛，总比留在台湾闹斗争，闹权力，闹得民不得安宁要好太多吧。"

台湾前"监察院长"王作荣亦是那段历史的见证者、参与人，他脑海里的那一幕幕时至今日依旧清晰可辨，"其实两派从大陆就斗起了，他们斗到什么程度呢？甚至连在大陆撤退到台湾来的船上还在斗，他（蒋介石）觉得倘若真把这两个人摆在台湾，禁不起这样继续斗下去的，所以总得要去掉一个。"

1948年先来台湾担任省主席的陈诚，在此时已有了稳固的军政大权，这一点成了蒋介石在日后布局的重要考虑。1950年初春，由16位党国大佬所组成的中央党务改造委员会里已看不到陈立夫的身影。林颖曾回忆，“当时很多人，包括陈诚，对我公公也是有误会的，或者说要他去面对所谓的失守。所以我公公后来就说，不管是谁的错，谁的过，但是一旦已经发生了以后，是不是大家坐下来平心而论地来检讨，因而他建议说来个改造委员会。”就这样，党内不安的政治气息开始悄然发酵。

但在陈立夫的回忆录里，事情是另一种说法。他猜测蒋对他的不满源自陈诚的一句失言。陈诚被蒋介石提名为“行政院长”人选时，必须经“立法会”通过才能任命。陈诚托袁守谦暗示陈立夫从中斡旋，陈立夫心领神会，使陈诚以 82% 的高票当选。蒋介石知道后，似乎很不高兴，说：“怎么会有这许多票？”言下之意是帮忙帮过了头。后来陈诚办宴席，答谢陈立夫，席间陈诚戏言：“从前‘CC 派’是陈果夫和陈立夫，今后就是陈立夫和陈诚了。”

陈立夫认为，蒋介石作为党的总裁，是不愿意陈立夫的党派与陈诚的团派结为一体，失去制衡作用的。现在这两人一个帮一个，还说要合作，似乎有什么企图。蒋公当然会生气。

果然不久，在一次国民党元老会上，有人提到程序民主时，蒋介石无端震怒，吼道：“你们如果不要我来改造党，只有下面几种办法：第一，就让本党无声无息地如此下去；第二，你们要给我权，大家要相信我，用民主方式改造是不对的，如果你们不相信我来改造，我就不管了，由你们去办好了。如果你们不相信我来改造，你们跟陈立夫去好了。”

陈立夫知道，他必须离开了。

在王作荣的记忆里，1950 年元旦的中枢典礼上，他远远就看见陈立夫一个人低着头从“总统”面前走过，远观即是一副失魂落魄的样子，当时他便隐隐觉得情势有变，果然，之后不久陈立夫便离开了台湾，远赴美国。

台北市火车站附近的许昌街 26 号，曾是“CC 派”立委聚会的地方。1950 年 8 月，招待所里传言四起，气氛焦躁，当时担任秘书的王克清经常回忆起那段人情凉薄的日子："那个时候就是陈诚叫'老总统'下了个命令，叫他（陈立夫）24 小时内离开台湾。当时大家听到这话的时候，当然有的委员心理上也是很不平衡，有的是这个吃不下饭啦，睡不好啦，到现在我脑子里存在着一句话：'24 小时，这句话我始终是忘不了！'"

8 月 4 日，国民党改造会议的前一天正是陈立夫一生中最难堪的日子，他被迫带着一家大小远离台湾。在台湾已经没有立锥之地的陈立夫前往瑞士参加世界道德重整会议，并决定在会后定居美国。超过 300 人在台北为陈立夫送行，据说飞机上的陈立夫曾想到杜甫的两句诗："海内风尘诸弟隔，天涯涕泪一身遥。"

当时年仅 8 岁的幺儿陈泽宠，还记得当年仓促得无法跟同学说再见。"我那个时候还在小学，很快就要出国去，好像只有一两天的时间了，反正告诉我要出国就出国了，没有什么道再见，我想那时候大概都来不及了。"

晚年蒋介石与陈立夫

不过，如何让陈立夫留下漂亮的身影，对蒋介石而言，着实是个政治难题。据国民党党史馆主任邵铭煌的解释，当时蒋介石跟陈立夫“CC派”的张道藩商量如何派陈立夫“出国”的事情。恰逢当时有一个“道德重整会”的会议，于是蒋介石决定顺水推舟，以参加会议的名义派陈立夫前去参加，而后在会议结束后“顺理成章”地“安排”他到美国去长住。这亦不失为蒋介石在处理重要干部等人际关系时的一种政治艺术。

陈立夫离台后，留下群龙无首的“CC 派”，这时位于许昌街“CC 派”的招待所仍正常运作，却不愿拿“立法院”的任何补助。“CC 派”招待所秘书王克清回忆起当时“聚会”场景仍历历在目：“那时候我们聚个会的时候吃的什么你晓得吗？一个咸蛋，一个人一两个就这么凑合凑合。虽然穷，但穷得有骨头就好，都不愿意去找这个麻烦。假如你（补助）要来了的话，别人就会说你吃的公家，用的公家，那你还找麻烦！”

在大陆权极一时的“CC 派”，在台湾成了政治的破落户，远在美国的陈立夫，也在潦倒中体悟到了人情冷暖。

在欧洲稍作停留之后，陈立夫前往美国定居。台湾随后给了陈立夫一个“国策顾问”的虚衔，每月给其一点收入，“然亦仅使其免于饥馁而已”。

1951 年 8 月，在陈立夫赴美整整一年的时候，他的哥哥陈果夫因肺结核辞世。蒋介石曾两次亲临吊唁这位党国要员，却始终没有让陈立夫回台奔丧。陈立夫在哥哥过世后，仿佛断了线的风筝，与台湾更加遥远。往后的 18 年，他靠着养鸡维持家计，过着一段清苦的侨居岁月。

养鸡专业户

伤透了心的陈立夫说：我想自己替国民党政府工作了这么多年，为蒋先生和党内外不少人服务，竟然得不到谅解，从今以后，我不想再伺候任何人。

然而，这位陈家党的要员在如此落魄之时，仍念念不忘“反共”。初到美国，他听说有一份《华美日报》要转让。这份报纸在当地华人中是影响很大，陈立夫闻风中共想收购这份报纸，急忙想办法阻止。听说买下这份报纸要两万美元，他急忙筹款。先是找到曾经在台湾做过“财政部长”的徐堪，问他，你到美国，“总统”知不知道？徐说不知道。那他知道了一定会怪罪你。现在立功的时候到了，只要盘下这份报纸，“总统”就会原谅你。徐说自己只能出1万美元。陈立夫又四处游说一番，终于买下了这份报纸，使其成为一块“反共”阵地。心中十分得意。

但是办报纸并不能真正维生。不久陈立夫的女儿要去新泽西湖林城上大学，此地是个养鸡中心，恰好他有一朋友说是要去养鸡，约他同去。他便答应下来。两人在新泽西看了60个鸡场，最后选了一个最便宜的买下来。说便宜，其实也是需要47000美元。约定先付2万美元，其余的分10年还清。陈立夫与合伙人一共只有8000美元，孔祥熙很慷慨，借给他8000美元，又零打碎敲借来4000美元，使鸡场开张了。

那时美国的养鸡场都机械化、自动化，而陈立夫没有那么多本钱，只好亲自干。他们的鸡场最多时达到5000多只鸡。那时的鸡蛋很好卖，第一年就赚了5000美元。1959年，老友蒋匀田去看望陈立夫，这个60岁的老人正在掏鸡粪。陈立夫告诉他，自己和夫人孙禄卿带着小儿子陈泽宠三人管理着鸡场，自己负责加饲料、清理粪便，孙禄卿负责捡鸡蛋和管理家务，8 岁的小儿子也能帮些忙。孙禄卿甚至说："现在总算不错了，已经买了部车子，以前到镇上去买鸡饲料，都是他自己扛来扛去的。"

陈立夫幺儿陈泽宠回忆说："那时候就是在一个个房间里面养，鸡都是在地上走来走去，所以你就得在鸡里面跑来跑去，那是一个很臭很脏的环境，但凡我父亲有时候客人来，他都会问你要不要到鸡场里面去参观参观，来跟我一起去捡鸡蛋。结果客人们走进鸡房里面都给吓死了，因为那满地都是鸡屎，臭得不得了。他们就问我父亲，你怎么可能这么样呢？我父亲就说我们就是这么样的。"

陈立夫曾在养鸡场留下了珍贵照片，那时的他 50 岁，放弃笔杆，卷起衣袖，选择在美国新泽西重新出发。他说自己那时身体因劳动变得很壮实，多年的腰疼病也好了，100 磅一袋的饲料扛起来就走，精神也愉快起来。那时，经常有台湾的友人来看望他，他就在工作服里面打一个领带，然后就这样会客。他说，干一行说一行。养鸡过程中最要学问的就是买小鸡。新孵化出来的小鸡在 24 小时之内就要分辨出雌雄。小鸡基本上雌雄各一半，只有买到母鸡才能下蛋卖钱，买到的公鸡一多，就要亏老本了。这方面日本人是高手，他们会用显微镜分辨小鸡雌雄，以确保利润。

陈立夫友人龚式谷曾问他为什么养鸡，陈立夫答说因为鸡很听话，比伺候人方便多了，叫它排队排横的就横的，直的就直的。龚式谷甚为诧异，感觉闻所未闻，陈立夫解释道，"很简单，你拿一把鸡食'唰'一撒，'唰'一条直的，它就排个直的队，'唰'一个横的它就排个横的。"

放下了政治宠儿的身段，陈立夫在美国卖起"立夫牌"的皮蛋、湖州粽和辣椒酱，一度在纽约唐人街还小有名气。然而在短暂的好景之后，由于美国东西高速公路建成通车，西部的鸡蛋比新泽西便宜很多，陈立夫的鸡场开始惨淡经营，几乎每个月都要借债维持运转。即使如此，陈立夫依然保持着平静心态。当有人问及陈立夫是否考虑回到台湾时，陈立夫表示，自己并不想回到台湾，更不会重返政坛，自己将会在美国度过最后的岁月。台湾的蒋介石闻听旧部如此艰难，不免动了恻隐之心。据国民党党史馆主任邵铭煌介绍，蒋介石官邸有一位很重要的官员俞国华，主要负责管账，蒋介石经常在私底下关心着陈立夫在美的生活境况，会通过俞国华暗地里资助陈立夫，每年一两次，每次两三千元，汇钱给他。正是这份资助，意味着蒋介石对陈立夫的不舍。

时隔多年，老长官和旧部属，恩怨渐淡，情分依旧。

这笔钱陈立夫全部用来还账了。

1961 年 2 月，陈立夫 92 岁高龄的父亲陈其业病重弥留之际，陈立夫忽然接到蒋介石发自台湾的电报，内容为“尊翁病危，盼即返回”。

从党务到教育事业，陈立夫将自己的青春奉献给了国民党。但他万万没想到，历经颠沛后，在这块国民党最后的栖身之处——台湾竟没有他的立足之地。

这是陈立夫首度获准回台，探望病重的父亲。2 月 24 日下午，陈立夫回到台北，久别重逢，故人相迎，上千名人冒雨前来迎接，包括当时的副“总统”陈诚和蒋经国，如此规格可谓给足陈立夫面子。这时的陈诚兼任“副总统”和“行政院长”，对政治气氛依旧敏锐的陈立夫仍感受到不安的气息。

蒋经国赠陈立夫自己的照片

陈立夫在机场并未向记者发表讲话，只是作出一页书面声明：此次返台，纯粹为探望弥留的父亲陈其业，无任何政治意义。

据陈立夫的儿媳回忆，当年陈立

夫回来奔丧，显然引起了轰动，一时间机场涌满了前来接机的人，场景甚为轰动，“机场当时简直就是爆满，其实陈诚‘副总统’一直对我公公有点担心，怕因为他的人气旺，所以在这种情形之下，我公公就选择了‘文不跟武斗’，而且，何必为难老‘总统’蒋介石先生呢？”

一个多月后，陈其业病逝。蒋介石夫妇亲往吊唁，蒋经国亲自担任治丧委员会副主任，2000 多名国民党要员参加了葬礼，备极一时哀荣。

丧礼之后，陈立夫兑现承诺，搭乘轮船离开台湾。陈立夫说，我等经日本返美，因为有人怕我被‘总统’留台任职，颇有疑忌，故以早离为宜。事实上，陈立夫在台湾曾经与蒋介石面谈，看到蒋对其态度暧昧，陈立夫早已明白几分。虽然台湾一家报纸发表社论，要陈立夫“不要介于十几年前早已烟消云散的往事”，“再次报效国家”，陈立夫还是选择了离开。

陈立夫返回美国后，鸡场再也经营不下去，关张了。

可是祸不单行，一场来不及应变的森林火灾殃及陈立夫的鸡场。大火是顺着地上的枯叶烧过来的，幸亏陈立夫勤快，事先已经清理了住所附近的落叶，大火没有烧到住房，但鸡舍全部化为灰烬，还有他唯一的一辆车也报销了。陈立夫的生活陷入困境。一度想去普林斯顿大学图书馆整理中医药书籍，却因为小人作梗，不能如愿。

此时，陈立夫的两个儿子陈泽安、陈泽宁均已获得博士学位，两个女儿泽蓉、泽宠半工半读念大学，也不需要家里负担。陈立夫的经济条件有所好转，逐步摆脱窘迫。鸡场被毁后，陈立夫用保险公司赔偿的 4000 元作为本钱，和孙禄卿在家里做一些家乡小吃，如豆腐乳、咸蛋、粽子等，然后卖给华人开的餐厅。据说曾有人到陈家拜访，看到陈立夫和孙禄卿正在包粽子，两个人的手因为长期劳作而变得粗糙，几乎让人难以置信这是曾经权倾一时的“CC 派”领袖。

他变得不爱说话，整日埋头读书，在这段沉潜的岁月里，他与上海美专毕业的妻子留下不少共同创作的作品。

恩爱夫妻

陈立夫于 1926 年结婚，多年来他对妻子始终温柔专情。妻子孙禄卿为其同乡，二人同年出生，孙禄卿比陈立夫大两个月。因为孙禄卿的父亲孙蓉江和陈立夫的父亲陈其业为同行，之后成为至交。因此在陈立夫和孙禄卿 13 岁的那年中秋，双方父母为他们订下婚事，据说陈其业把孙禄卿的照片拿给陈立夫看的时候，年仅 13 岁的陈立夫并没表示意见，而是在父亲的注视之下同意了这桩婚事。虽然最初并无爱情可言，但是陈立夫与孙禄卿在双方见面之后，很快都为对方倾心。陈立夫在美国留学期间，就和未婚妻孙禄卿不断有书信往来。回国之后，虽然担任蒋介石机要秘书，陈立夫工作繁忙，却不忘与孙禄卿频繁书信往来。陈立夫的结婚仪式非常简单。学习美术的孙禄卿在婚礼上画了一幅《桃柳蜜蜂》图，特意前来参加婚礼的陈果夫也为孙禄卿的画题词："桃红柳绿含春意，从此相亲蜜蜜甜。"这场在当时可谓别具一格的婚礼一时被传为美谈。二人之后的婚姻也持续一生，琴瑟和谐。

孙禄卿也并非单纯的高官夫人。从吴兴女师毕业之后，孙禄卿追随陈立夫来到上海，进入上海美术专科学校学习国画。当时的校长为著名画家刘海粟，刘海粟对孙禄卿甚为欣赏，大师的培养加上自身的天赋，孙禄卿在毕业后不久就成为小有名气的女画家，尤其擅长山水画。1963 年，孙禄卿甚至在纽约国际美术家展览会上获水彩画一等奖。

曾有人分析陈立夫与孙禄卿：性格方面，陈立夫较平和，孙禄卿较急躁。在家庭中，如果出现意见相左时，陈立夫从不当场反对，直到晚上就寝时，才作心平气和的陈述，尽量使双方意见达成一致。有时管教

陈立夫在不同时期与太太的合影

子女，两人方法不尽相同，但都不当场反对对方，如此一来，也能使子女看到父母修养的榜样。经济上，钱物全由孙禄卿执掌，两人共用一个银行户头，都可随意取款，而都不怀疑对方之用途。陈立夫喜欢用钱，只要有钱带在身边，常会花光；而孙禄卿用钱谨慎，没有随便花钱的习惯，但她从不指责陈立夫随便花钱。正因如此，二人才能维持60年的幸福婚姻。

两人结缡65年，育有4名子女，这位旧时代的政治士绅有着新时代的铁汉柔情。晚年时的妻子因为背部疾患不得久坐，更不宜常走路，所以，但凡出门，陈立夫皆将妻子手中的林林总总接过来提携。翻看旧照片，任何时候，相片里大抵都是妻子手中无物，陈立夫手上则拎着女士的皮包，细微点滴里甚为体贴。从祖国大陆、美国到台湾，两人一路相随，历经人生起落，始终相依为命。

1964年11月，曾经的好友于右任在台北去世。陈立夫特意寄去一副挽联，上书“同是清风余两袖”，这也被认为是陈立夫在美国生活的真实写照。蒋介石读到之后特意拨款资助陈立夫，虽然蒋介石依然没有表示出让陈立夫返台的意思，但这笔钱毕竟解决了陈立夫的生存问题。

近乡情怯

1966年10月，蒋介石八十大寿，蒋经国写信邀请陈立夫返台定居，近乡情怯的陈立夫掩不住欣喜，并以自己所著的《四书道贯》第一册作为礼物送给蒋介石贺寿，蒋介石亲自题写了“四书一贯之道”。但是陈立夫这次返台却因为四处演讲，过度劳累染上肝炎而匆匆结束。而短暂的2个月当中，蒋介石与陈立夫有过促膝之谈，蒋介石也正式向陈立夫发出返台邀请。除了逐渐衰老之外，蒋介石这样做的重要原因还是陈诚去世之后，传位于子已经没有任何障碍，陈立夫的存在再也不能对蒋家有任何威胁。

一封蒋介石的亲笔信道出了身在高位者晚年的恋旧心态：

> 立夫同志，昨晚匆匆话别未尽词意，为念此去请早“回国”，愈早愈好，但请保重身体为第一。革命建国事业方在开始之中，努力奋斗之时正长，故体力之保养最为重要，不可以疾病而影响精力，切盼时刻留意健康，切勿劳动过度也，顺颂旅祉。
>
> ——中正
>
> （1967年9月12日，蒋介石给陈立夫的信）

林颖曾回忆说，后来蒋介石也曾多次邀陈立夫归台定居，念及其在外多年，诸多的亲人朋友亦在台湾，是时候可以考虑回台了。“说一句实话，就是那时候陈诚‘副总统’也已经离世了，所以他们也觉得可以回来了。毕竟是一起患难过的自己的一个亲信，而且陈家跟蒋家的关系是一直分不开的，他知道体谅蒋公，当时也没有任何的言语他就回去了。”

1967 年 6 月，内地的“文化大革命”刚刚开始，台湾当局为了与其对抗，成立了一个“中华文化复兴运动推进委员会”，蒋介石自兼会长，提名陈立夫为副会长，并在台湾为陈营造官邸。1969 年 4 月，陈立夫结束超过 20 年的流亡生活，偕夫人回台定居。林颖曾那里存留有一本陈立夫当年记录细琐事务的小册子，里面记录了他当年在美国的家当。在“回国时待定或需处理的”的细目里，主卧房的床、沙发、电视、钢琴、洗衣机云云，均在其列，在“归国”前的日子里，送的送，卖的卖；而在“回国可带的”条目里，则清晰地列着“打印机”和“缝纫机”，一个是自己必需的，一个是妻子用的。

阔别 18 年后，近 70 岁的陈立夫踏上归途。位于台北师大路巷弄内的白色建筑，曾是 1949 年由台湾当局配住陈立夫的官舍，这栋雅致的白色小楼，仍是他从美返台后定居的一个住所。此时的陈立夫已然决心远离政治。

在下飞机之时，陈立夫对记者说，希望自己能够安安静静度过晚年。有人问他是否会出任要职，陈立夫也一口回绝，称自己对政治已经失去了一切兴趣，宁愿做一些知识性的研究。正如他在自己的回忆录中所说：“我在这时，也感觉到自己为国民革命大业所奉献的一生的精力与时间，也都如春水东流，消逝得无影无踪了。”蒋介石为陈立夫新修建的官邸位于台北天母大街。归来不久，蒋介石让陈立夫出任“总统府资政”和国民党“中央评议会委员”两个虚职，虽然陈立夫一开始均拒绝，然而在蒋介石执意要求之下也同意出任。

回到台湾后不久，陈立夫逐渐有了社交生活，他甚至每天抽出两个小时的时间在家里会客，和来访的客人谈论的话题也从家庭、生活逐步放开到两岸关系、政治时局，等等。和在美国的寂寞相比，回到台湾的陈立夫多少找到了往日生活的感觉。晚年陈立夫和妻子把家庭生活过得无比温馨。陈立夫在客厅里养花，孙禄卿则把家里打扫得窗明几净。由于并没有实务要做，陈立夫每日在家中苦练书法，吸收众家之长之后，他的字形成了自己的风格，也算小有名气。度过了人生中最艰难岁月的陈立夫夫妇感情更为深厚，陈立夫经常在他人面前夸奖孙禄卿，称其不仅相貌才华出众，而且真正贤淑达理，忍辱负重。陈立夫说，自己之所以没有在大起大落中一蹶不振，妻子给了自己最多的支持。

陈立夫在台湾的生活极为规律：晚上 9 时 30 分入睡，早晨 5 时 30 分起床，起床后运动约 35 分钟，沐浴，6 时 30 分早餐。早餐后在庭院中散步 500 步。中午 12 时午餐，饭后在客厅、阳台踱步，然后午休约 1 个小时，起来后再开始工作。晚餐 6 时 30 分开始，饭后散步又约 500 步。陈立夫在回忆录中说："我有时买一个猪心吃，通常一个月吃一次，再加以隔一二个月吃个猪脑，自应无问题。"

如此健康的生活让陈立夫在台湾居住一段时间之后，身体居然比在美国好了许多。除了原有的肝病痊愈，肠胃病也基本稳定下来。这固然是因为环境比在美国时改善太多，但是更重要的是思想上的放松。这个时候的陈立夫可以弥补一些当年的遗憾，对陈果夫的遗孀朱明倍加关照，一直到 1974 年 4 月 5 日朱明因肺病逝世，陈立夫全家均参加了葬礼。

步入老年之后，陈立夫选择了愈加洒脱的生活。从自己 80 岁生日的那天开始，陈立夫为自己定下"不为"之事，包括：

一、不剪彩。

二、不证婚。

三、参加婚礼和寿礼时不发言。

四、不为比他年轻的死者盖"党旗"或者"国旗"。

五、不担任治丧委员会的主任委员。

六、参加寿筵时不发言。

这些看起来多少有些匪夷所思的决定，陈立夫从来没有打破过，即使外甥女结婚，他也同样拒绝证婚，然而这些原则的确为其减少了诸多麻烦，让他可以真正专注于自己“感兴趣的事情”。

事实上，时过境迁，回台定居的陈立夫的确已无政治上的势力可言，唤他回台，亦给了他一个资政的名义。原本要赋予他“考试院长”一职，被陈立夫拒绝了。

“其实‘老总统’（蒋介石）也有跟我公公讲过，说立夫你辛苦了，也委屈你了，‘老总统’确实有这样讲过，所以我公公才从美国回来定居。”当年一手掌控国民党党机器和调查机关的陈立夫，如今扮演儒家文化的推手。

据陈立夫曾在美国的学生李殿魁回忆，他授课时，往往知道大家也许对他讲的某些字不能透彻领悟，故常常就在讲述中加些英文字。他的课虽然是开给博士班的中国学生，但是去听课的却远远不止是班上的学生了，教室常常是人满为患，不只有其他班系的学生，更有很多同校的教师或是工作人员，极为仰慕陈立夫名，故每每亦和学生们一起“挤进”已满的教室，哪怕不为听课，只是瞧一瞧都是满足。许多人都还记得陈立夫讲诚信的例子：“这个诚字，我是做了一番功夫啊。你看这个耶稣，《圣经》，God is wisdom（上帝是智慧），God is strength（上帝是力量），God is faith（上帝是诚信），这样子一对照，我想中国这个诚字就是外国的上帝……”

台居岁月是陈立夫生命中的新转折，他着手改制台湾第一所中医学校。同时，他还带头编纂了历史上第一本《中西医病名对照辞典》。

林颖曾说：“蒋公叫他回来做文化复兴建设委员会的时候，我公公毅然地接受副主任委员。当然，这也是因为蒋公觉得他也的确具备这样的推动能力。同时，医药其实只是他推动的一部分，他对教育的重视是很显而易见的。按说他喝过洋墨水，他可以很洋派，但是他反而更提倡中国的文化。他说中国强起来以后，全世界会尊敬中国，我们流离颠沛了200多年，被八国联军搞得四分五裂的，这是事实啊，那我们自然就需要一种内伤调整，调整从哪里开始呢？从文化精神道德开始。”

1988年7月，在国民党“十三大”之后召开的中评委会议上，以陈立夫为首、包括蒋纬国在内的34位国民党中央评议委员，向国民党中常会提出一项“以中国文化统一中国，建立共信”的提案。虽然当中依然有脱离实际的内容，然而当中“中华文化为建立共信的最佳条件”“发挥和利用大陆和台湾各自的经济优势”“共同成立国家实业计划推进委员会”的建议颇有建设性。陈立夫甚至在当中提出了经济援助大陆的想法，即在台湾1988年初累计的767亿美元的外汇存款中，拿出50亿至100亿美元，向大陆提供长期低息贷款，一时之间朝野震动。

中共高层也对这个提案表示出了极大的兴趣，《人民日报》特意发表了评论员文章，认为提案“顺应两岸人民强烈要求和平统一，振兴中华的历史潮流”，“这种谋求统一的积极态度，令人感佩”，“中华民族文化具有巨大的凝聚力，是海峡两岸建立共信和互信的一个重要基础。中华民族文化和优良传统，几千年来维系着民族的团结和国家的统一，使中华民族历经劫难而不灭，是所有中国人的根”，等等，虽然最后没有被台湾当局通过，但是陈立夫的态度已经非常明确。

早年的陈立夫曾多次撰写反共文章，强调“中华文化是‘共匪’的第一号敌人”，然而人到晚年却有如此巨变。陈立夫对记者说，自己的提案是完全基于“爱和同情”，并非有任何收买大陆民心的意图。陈立夫曾在妻子孙禄卿的一幅画上题款：“小村人好静，瀑声恰如雷；久听不复闻，是谓心不在。”当中寄托的思乡之情已是不言自明。

在文字的堆砌里，陈立夫为中国留下医学的根。在时间的推移中，那些曾经交织着爱恨情仇的往日旧友却一一淡出历史舞台。

1997年3月，陈立夫已是97岁高龄，放眼当年来台的“国府”要

國民黨元老陳立夫百歲

畢生見證中國現代史的國民黨元老陳立夫，九月六日歡渡百歲華誕，在台北圓山飯店舉行壽宴

中央社

陈立夫百岁生辰报纸的报道

员已所剩无几，他亲自飞往美国向宋美龄祝寿。他们用上海话愉快而轻松地交谈着。

“我们去的时候，夫人因为也是100岁高龄了，所以她有一个耳朵一边是重听，而我公公年纪大了，也是有一边耳朵重听。起先大家都不知道，在给他们俩安排座位交谈的时候一定要知道是哪边耳朵重听，哪边耳朵不重听，因为刚好都是一半边，位置对上了，就是一个讲话另一个刚好能听得见。”林颖曾回忆起当时的场景仍觉得亲切而愉快。

1999年8月，台北市德行东路的故居里，家人缠着高龄的老人看一幅悬挂在客厅内的画像。画像的主角正是陈立夫本人，是家人送给立公的百岁礼，请专人画出的“无量寿佛长眉大仙”，俨然一副善目慈眉，身着白袍稳坐于画上。老人行动已略显不便，却掩饰不住对此画的喜好，久久地注视，并搬了椅子坐在画前要求拍照留影，笑容和蔼，温存依旧。

画像边不远处是蒋介石的铜像。这尊铜像，代表了陈立夫一生的悬念。这位曾经在蒋介石身边足以撼动国民党党内机器的人步入晚年之后，面对两岸局势的变化，已有新思维。

当年他几次密访香港时，曾收到程思远带来的邓小平的口信。“当时我们在香港访问的时候，邓小平先生已经在深圳了，当然，他们是说正好邓小平先生在深圳，那陈立夫到香港来访问，如果可以的话，邓小平先生想跟我公公碰个面……我公公他毕竟是做过资政，还是国民党的大佬，那时候还没有完全直接的接触或正式的开放，如果他回去的话，毕竟还是有一个象征的意义。”林颖曾至今对往事记如昨昔。

最终，面对邀约，陈立夫回了一句：“看时机我们再安排好了。”只是不想，第二年，邓小平就先一步离世了，二人的碰面自然也就成了“未了之愿”。

故乡近在咫尺，一生贡献国民党的陈立夫终究在历史的关口上停住了脚。

2001 年 4 月 15 日上午，陈立夫的公祭仪式在台北市立第一殡仪馆景行厅举行，场面极尽哀荣。当时的国民党主席连战主祭，中评会主席团主席李焕、马树礼、副主席吴伯雄以及中央委员秘书长林丰正覆盖党旗，前“行政院长”萧万长、“立法院长”王金平、“考试院长”许水德、“监察院长”钱复覆盖“国旗”。亲民党主席宋楚瑜、新党元老王建煊以及《中央日报》董事长兼社长邵玉铭均前往致祭哀悼，几乎所有的岛内高层均在现场。

公祭之后，陈立夫被安葬于台北县五股乡观音山陈氏墓园。这里还安葬着他的父亲陈其业、长兄陈果夫、夫人孙禄卿。陈立夫曾经希望祖国统一之时，将亲人的遗体送回家乡浙江湖州安葬，他自己也冀望休憩于太湖水边，然而最终未能如愿。

台北郊区的观音山，承载了陈立夫晚年无解的乡愁。103 年的人生，宦海沉浮，却一身潇洒，墓碑上的国民党党徽亦是他生命最后的注脚。陈立夫作为百岁老人，不仅见证了历史的变迁，也参与了历史的变化，最终被埋葬在了历史的记忆中。

严家淦

被人遗忘的“总统”

洒脱的过渡者

1975年4月4日深夜，蒋介石病逝台北。当日的医疗小组所写的《病中日志》上记载称：“至夜里11时30分许，蒋公的双眼瞳孔已经放大，急救工作继续施行。期间曾数次注入心脏刺激剂，最后乃不得不应用电极直接插入心脏的做法，刺激心脏，但是仍然无力回天……”

蒋介石病逝后，士林官邸在深夜里紧急增调宪兵，台北市区也实施了从未有过的宵禁。严家淦、杨亮功、田炯锦、余俊贤、倪文亚国民党“五院院长”立刻赶往士林官邸。他们是按照宋美龄和蒋经国的命令，为《蒋介石遗嘱》签字。

隔天上午，当时的副领导人严家淦在“总统府”大礼堂宣誓继任：“我们遵循总裁的指示，今天的革新，应视同革命。不过这种革命是以革新的手段来达到革命的目的。”对于自己如何当好继任者，此时他的心中已有定见。

一如蒋介石十几年来的精密安排，不管是严家淦本人或是台湾民众都明白这种并不神秘的政治把戏。严家淦不过是走走过场而已。但是这个过场怎么才能走得好，走得让蒋介石放心，全看严家淦本人的“演技”了。

严家淦就任后，立刻将当时的新闻局长钱复召入“总统府”，他的第一句话即是：“君复兄，我这个位子是暂时坐坐，3年后一定要交给经国兄。所以我们所有的做法，都不要把我突出，而是要帮助国际间人士多了解经国兄。”

给钱复交代清楚之后，严家淦打电话将安全室主任李连庚召来说：

严家淦就职“总统”

“我是一个很平民化的人，所以这个警卫啊不要太暴露。”

3年之后的1978年1月7日，国民党中常会举行临时会议，严家淦履行承诺，“完美”交班，提名蒋经国为第6任“总统”候选人，自己则旋即潇洒卸任。丝毫没有表露出对权力的任何留恋。

1993年12月24日晚10时，严家淦因心脏衰竭逝世于台北荣总医院，终年90岁。

与其他国民党高层大都深陷争权旋涡不同，严家淦在台湾的48年始终轻松适意。这个国民党内难得的技术型高层一生并未遇到太多坎坷，也从未真正参与战争，在派系丛林的国民党内部一直相对飘然。虽然并

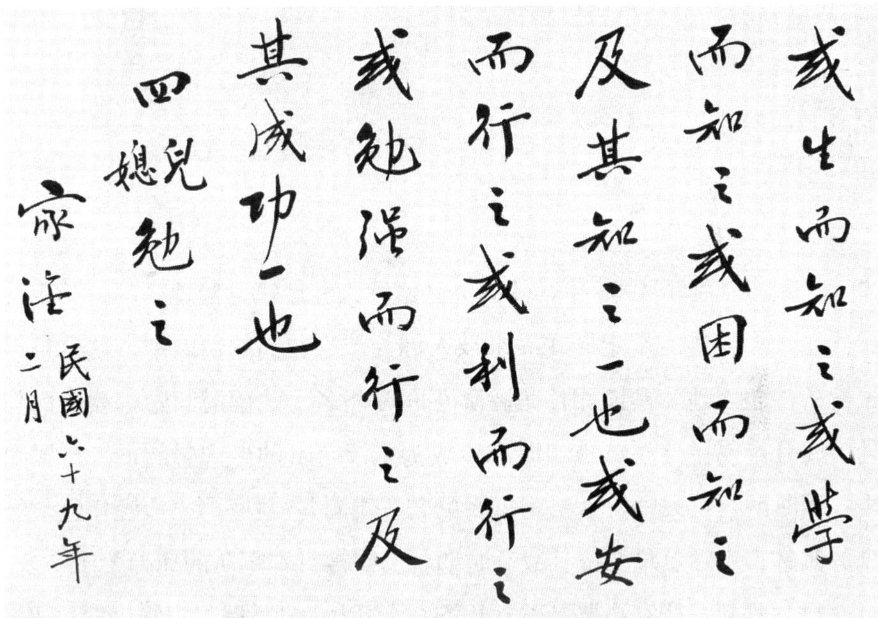

严家淦家训

不醉心权术，严家淦却到达了权力的顶峰，大概就连他自己，也从未想到过。对猜忌心极重的蒋介石来说，至亲之外，只有严家淦这样在官场上的洒脱之人，方才值得信任。

富家公子哥

严家淦，生于1905年，江苏吴县木渎人。严家为当地名门，其祖父严国馨经商发迹后就定居在后来被人称为严家花园的羡园中，这也是严家淦的出生之地。羡园相传是乾隆年间苏州名士沈德潜归隐木渎后的住处，在几经易主之后，被当时已经成为木渎首富的严国馨购得，严国馨委托当时的建筑大师姚承祖重葺后更名“羡园”。这座严家淦晚年经常怀念的园林，实际上早在抗日战争时期就已经被日本军队的炸弹毁于一旦。

18岁那年，严家淦被保送至上海圣约翰大学理学院，主修化学，辅修数学，还是学校中英文校刊的总编辑。大学时候的严家淦成绩优秀，加上家境极好，可谓风头十足。即使周末从上海回到苏州，严家淦也不会坐普通的火车，而是用家里的小游艇接送，他还是上海最早有私家车的那一批人，那时上海只有很少的人有自己的汽车，严家淦就买了一部开着玩。公子哥风范可见一斑。

严家淦于圣约翰大学毕业照

这个当年绝对的前卫青年，大学毕业后凭着流利的英语在洋行里工作。当年上海把为外国人做事情的人一律称为“买办”，因为觉得名头太不好听，家人也一致认为买办没有出息，严家淦辞职，走上了从政之路。

踏上仕途

1931 年，27 岁的严家淦踏入公职。这个曾经养尊处优的富家子弟，在抗战之时离开了十里洋场的上海，前往当时属于穷乡僻壤的福建工作。他的第一份工作是在一家隶属于建设厅的“福建实业公司”。正是在福建，严家淦与当时的国民党福建省主席陈仪相识，并逐渐成为陈仪最得力的财经幕僚。

严家淦带着家人在福建住的房子极其简陋，甚至没有起码的砖墙，而是用竹子和泥草随意糊成，和其在上海的境况不可同日而语。严家人至今仍保留着当年严家一家大小所留下的衣物，由于缺乏基本物资，一个袋子都是用不同颜色的布料缝成，衣服上也满是补丁，让人不敢相信，这是曾经游艇香车相伴的富家公子严家淦。

1937 年冬，严家淦应福建省政府主席陈仪之聘，任建设厅主任秘书，兼任福建省政府贸易公司总经理，主持贸易行政。翌年 1 月，他升任为福建省政府委员兼建设厅厅长，于艰困之中办起了小型水力发电厂，并致力公路建设，欲把东南沿海与大陆后方交通运输理顺。8 月，严家淦改任财政厅长，其财政专长渐渐崭露头角。其推行田赋改征实物的征收办法，试行 1 年，不但革除自清朝到民国初年的折现征收田赋（造成农民不得不贱卖米谷折现金缴田赋，结果被乡绅、粮户、粮商挟其雄厚资金，大量收购囤积居奇），而且国民政府也因田赋直接征收谷物，得以把握粮食。这项改革方法，经报请国民党中央核准后，很快在全国推行，严家淦的才干受到行政院政务处处长蒋廷黻和财政部长孔祥熙的赏识。抗战时期粮食供应没有发生严重缺失也得益于此，直到迁台，对粮食的实物掌握也没有放松，还是沿用严家淦的这个办法。

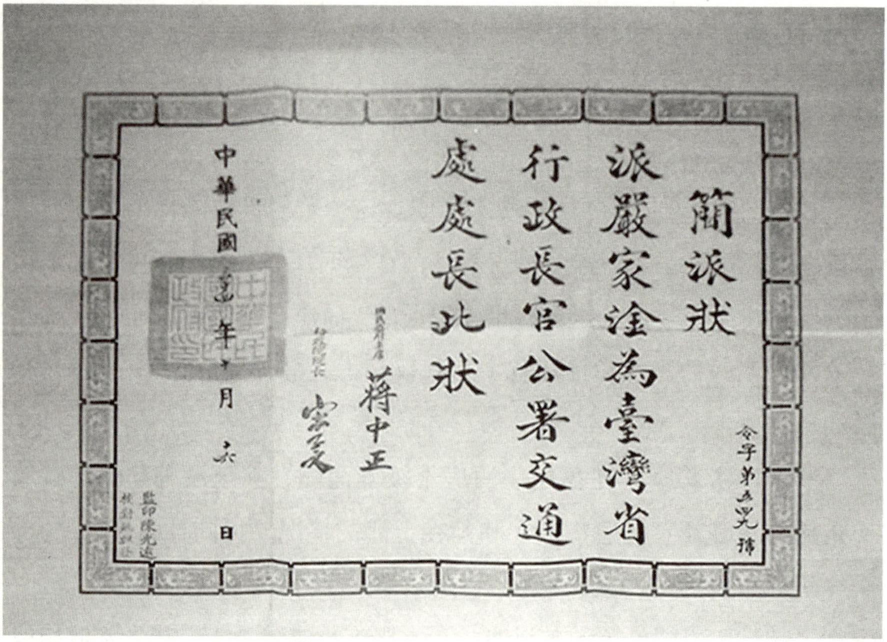

簡派狀

派嚴家淦為臺灣省行政長官公署交通處處長此狀

蔣中正

中華民國　年　月　日

严家淦担任台湾省行政长官公署交通处处长人事派令

1945 年 1 月，国民党政府在重庆设立战时生产局和战时运输管理局，这两个局因有美国人参与管理，其高级负责人需通晓英语。经陈仪介绍，严家淦前往重庆任战时生产局的处长。1945 年 10 月抗战胜利后，好不容易从重庆回到上海，和家人团聚的严家淦，收到“国府”的人事派令，即刻陪同刚被委任为台湾行政长官的陈仪来到台湾，并担任行政长官公署交通处长一职。1946 年，陈仪派严去南京见蒋介石，报告接收台湾交通情况，这也是严家淦第一次见到蒋介石，彼时的蒋严大概都没有想到，数十年之后二人会有如斯交往。

关于蒋介石严家淦的第一次相见，唯一的细节大概是，严报告完向蒋告辞时，蒋介石叫住他，要他回台湾后告诉陈仪，把受“杨潮案”牵连、有“共党分子嫌疑”的程星龄拘禁起来。

亲历“二二八”

到台湾后一年，严家淦重拾自己熟悉的财政处长职务，建立了台湾银行，赢得一片赞誉。春风得意的严家淦万万没有想到，在战争年代也从没有身处险境的他，会在不久后遇到“二二八事件”，几乎丧生。

国民党政府到台后，成立了“台湾资源调查委员会”，并由陈仪主事，但是准备工作仓促，基本上沿袭旧有的行政制度。由于陈仪权力过大，甚至超过原来的台湾总督，在各级机构中的官员，几乎所有的要职都由陈仪的亲朋故交担任，而其中一些人利用职权贪污腐化，引发了台湾本省人的极度不满。陈仪在遣返20万日本陆海空军及30多万日本移民的过程中，设法留用了8000名日籍技术人员，使台湾行政、经济部门得以保持最低限度的运转，这则进一步激发了台胞的反感：“政府接管各级机关后，又用日警日官治台，实出台胞意料之处，此令台胞痛心疾首。台胞与日人冲突从此日甚，社会秩序亦渐混乱。”

战争创伤尚未平复，社会又剧烈转型，彼时的台湾几乎民不聊生，上海《观察周刊》就曾撰文：“今日台湾危机四伏，岌岌可危，是随时可能发生骚乱或暴动的。”

1947年2月27日中午，台北专卖局获报走私消息，派人前往查缉，得悉走私货已移至台北市南京西路的天马茶房附近出售。晚7时30分，查缉员赶到，真正的私贩早已逃散，仅查获林江迈的私烟，没收其钱物，并将其打伤，围观的群众高呼“阿山不讲理”“猪仔太可恶”，民众的情绪就此点燃，并最终引发了国民党军队大力镇压，伤亡约4000台胞的“二二八事件”。

就在那一天，严家淦前往台中参加彰化银行的股东大会，此时“国府”官员成为群情激愤的百姓们的泄愤目标。为了安全，严家淦一直躲在林献堂[①]的家中。林献堂出身于雾峰望族，人称阿罩雾三少爷。1946年5月，林献堂当选为第一届台湾省议员，还曾与蒋介石会过面。虽然民众逼迫林交出严家淦，但是林献堂始终极力保护，甚至于拍胸脯说：“你们要对严某人不利的话，踩过我的身体才可以进去。”

严家淦在林家躲了三天两夜，回到台北官邸后他方才能给上海的妻儿报平安。但是林献堂在事件后被列入“台省汉奸”的黑名单，最终在友人相助之下才免去牢狱之灾。1949年9月，林献堂以养病为由离开台湾，寓居日本，留下了“异国江山堪小住，故国花草有谁怜”这样伤感的诗句。1956年林献堂病逝于东京，由于受其救命之恩，严家淦在林献堂的骨灰运返台湾后，还曾写悼词纪念：“犹忆患难相扶，照人肝胆。”

① 林献堂，1881—1956年，台湾人，出自世家雾峰林家，是台湾日治时期非暴力反日人士中左派代表人物。在“二二八”事件中保护了国民党人士，却在此后被列入“台省汉奸”名单，幸得友人相助才免去牢狱之灾。1949年9月林献堂以养病为由离开台湾，寓居日本。1956年病逝东京。

台湾“财政厅长”

1948年冬天，看到国民党在大陆各省的败退已经不可挽回，严家淦决定将上海的妻儿接到台湾。早在刚进入圣约翰大学理学院读书的那年，严家淦就奉父母之命娶了东山望族叶巷村首富的女儿，二人门当户对，感情也尚且和睦，然而仅仅一年，之后妻子即因病逝世。又过了一年严家淦续弦，妻子刘期纯依然出身苏州望族，二人在上海结婚。刘期纯知书达理，容貌秀丽，与严家淦感情甚笃。在这个动荡时代里，刘期纯陆续为严家淦生下9个孩子，1948年决定前往台湾的时候，就已经有了8个儿女。因为觉得一下带8个小孩前往台湾实在太过困难，刘期纯就将4个比较大的孩子寄养在上海亲戚家中，让4个年幼的孩子跟随自己，前往台湾和严家淦团聚。刘期纯并没有带太多的杂物，但是自己出嫁的时候的那个陪嫁箱子，却跟随她从苏州来到上海，又漂洋过海来到陌生的台湾。

感情很好的严家淦夫妇

严家淦育有五儿（严隽荣、严隽森、严隽同、严隽泰、严隽建）、四女（严隽华、严隽菊、严隽芸、严隽荃），子女均以隽字辈命名，严隽泰是严家淦的第 4 个儿子，到台湾时年仅 12 岁。在长时间与父亲天各一方后，少年时代在台湾的生活给严隽泰留下了温暖的回忆。官邸里至今留着当年严隽泰上学时的书桌，这是他和弟弟妹妹们每天放学之后回家温书的地方。他始终不能忘记的一个细节是：每当从学校回来，母亲总是给孩子们准备好点心，吃完后几个孩子一起做功课，而母亲则坐在边上打毛衣，或者缝缝补补。也许对这个始终低调淡泊的家庭来说，这样温暖适宜的生活方是他们心中最好的时光。刘期纯是典型的贤妻良母，一生以相夫教子为己任。当年在福建永安，因为抗战，物资非常紧张，严家后来迁居上海时，刘期纯通宵达旦烤制干粮，供路途之需。

严家淦与父母亲全家福

受父母的影响，严家淦的子女们在成年后也大都非常低调，除了曾担任唐荣公司总经理的严隽泰，其余皆在美国发展，已很少再回台湾。严隽泰曾于2005年3月在台北举办一场名为“观渡”的油画展，他把严家淦的故居捐出作为纪念馆之举也得到了各方的赞誉。

就在严家淦终于和家人团聚后不久，1949年到台湾养病的陈诚按照蒋介石的安排，从魏明道手中接下台湾省省长的职位，魏明道离开的时候曾向陈诚介绍说，严家淦“是一个人才”。初来乍到的陈诚维持了严家淦财政厅长的职位。

从陈仪、魏明道再到陈诚，严家淦到台湾不过3年，却已经经历了三任长官，每次都受到重用。这一方面是因为严家淦受过良好教育；另一方面却也和其温和的性情关系很大。严从政从无张扬，一生奉行8个字的人际关系哲学：“退一步想，易地而处。”虽然台湾媒体曾一度称严家淦“好人，不是好官，是好国民，不是好公仆”。岛内更有人评价其为“严的才具、建树，连勉强及格都困难。充其量只是一个循规蹈矩的政客，无条件服从的人”。

然而，也许对于蒋介石和其他高层来说，严家淦和台湾本地良好的人际关系也值得考虑，当然，更为重要的是，这个并无太多权力欲望的人，才是最安全的棋子。蒋介石甚至曾高调表示，“我的短处是严家淦的长处”，对于很少褒扬下属的蒋介石来说，即使话外有音，这也已经足够特别。

作为国民党最早赴台的财政官员，严家淦见证了国民党在仓皇逃离时秘密抢运物资的全过程，当时他担任台湾财政厅长，负责接应“国库”黄金。

1949年1月16日，蒋介石召见“中央银行”总裁俞鸿钧，令其将“国库”所存全部黄金、白银和外汇移存台湾。

据李宗仁回忆，当时“国库”库存有92万两黄金、外汇7000万美元、白银价值7000万美元，各项总计美金约5亿元，全被蒋介石派人以军费名义提走，由海军派军舰武装运送至台湾。

由于国民党军队大规模入台，其薪饷问题给财政收入不足的台湾政府带来了沉重负担。由于当时的军队编制缺额太多，各个师人数均不足额，而军队申领薪饷的时候，都以足额的师为单位，严家淦曾主动要求与“国防部”合作，自己亲自带队到军中清点人数。在当时军权重于一切、军阀之间亦互不信任的台湾来说，这需要很大胆量，严家淦也成为对当时国民党军队精确人数最了解的人，其程度甚至超过了蒋介石本人。

“新台币之父”

主政台湾的陈诚一上任，面临的最大问题是经济困难，彼时的台湾经50年殖民统治后，民生凋敝，物资奇缺，通货膨胀，物价飞涨。严家淦向陈建议废弃不断贬值的旧台币，代之以新台币，全面实行币制改革。由于蒋经国在上海实行币制改革遭到惨败，陈诚对此颇有犹豫，但是严家淦说服了他，并且提出暂借“国府”黄金作为准备金。

征得蒋介石的同意后，陈诚从“国库”拨借出80万两黄金，作为改革币制的准备基金；又拨借美金1000万元，作为进出口贸易运用基金。严家淦则亲自制订了一套币制改革的具体方案：新台币上市指定由台湾银行发行；发行总额以2亿元为限；新台币与美元汇率为5∶1；新台币与旧台币的兑换率为1:40000，限在1949年12月31日前兑换。

与蒋介石游角板山

1949年6月15日，由严家淦亲自拟订的《台湾省币制改革方案》和《新台币发行办法》正式颁布。

新台币在台湾一直沿用至今，通货膨胀没有再波及到台湾，严家淦由此被经济学家们称为“新台币之父”。币值改革的成功，进一步增加了严家淦在陈诚和蒋介石心中的分量，也让他在台湾政坛的地位，逐渐得到公众的承认。

20世纪50年代，“反共复国”始终是蒋介石的执政主调，当时主要的财政收入都是供给军方使用，这让主管财政的严家淦感觉捉襟见肘。在刚刚推行总预算制度的时候，即使蒋介石也并不了解，认为资金的使用会缺乏弹性，但是在严家淦的反复游说之下，军人出身的蒋介石勉强接受了严家淦的现代财政手段。

但是对严家淦的改革心存疑虑的在国民党内显然大有人在，据说当年就曾有一个著名的将军到严家淦的办公室里拍桌子说：“我们半生从戎，为国家贡献打仗，东奔西走，但是军费都给你们把持住了，我们军人以后仗也不要打了。”不管是如何激烈的质疑，严家淦都用他独特的平心静气解释安抚。也正是如此，虽然毫无班底，也不参加任何派系，严家淦却逐步得到了各方的信任，蒋介石日后对其的重用也从这个时候现出端倪。

当上接班人

1954年，严家淦接任台湾省主席，虽然号称是省府，但是实质上却并非如此风光。为了拉高“中央”的政治权力，蒋介石要求台湾省政府的办公点迁出台北，其理由是“疏散”，即不要把政治中心统统放在台北市。虽然对蒋介石深恐大权旁落的意图心知肚明，严家淦依然全心全意

担任台湾省主席时的严家淦

做好这件事情，他委派了自己的顾问龚履端至苗栗、台中、南投、彰化四县勘察，接着再派省府秘书长谢东闵到中部实勘，经过龚履端、谢东闵两方人马的勘测意见，再经过风水高人的点拨定位，严家淦认为雾峰、南投和彰化之间靠山的地方较合适。在几番选择之后，台湾省政府最终定在了南投的中兴新村。“省政府”模仿英国伦敦新市镇模式设计建造，占地约 200 公顷，分为办公区和生活区。办公区除了一栋白色小楼外，还有其他办公场所，各种配套一应俱全，甚至还有一个殡仪馆。但是到了今天，台湾省政府已经成为了一个象征性的机构。

三年台湾省政府的主政经验奠定了严家淦在“国府”官场中的地位，也为台湾的经济打下基础，从最初国民党到台湾时的“克难经济”，到农业经济、工业经济，直到台湾经济腾飞后被称为亚洲经济四小龙，都是从严家淦时代开始的。

事实上，早在 1963 年陈诚辞去“行政院长”职务时，严家淦已经成为蒋介石眼中的第一人。1966 年严家淦又被蒋介石提名为副领导人，这在当时的台湾政坛曾引发骚动。

钱复说，提名“副总统”的最少有 5 个人心里痒痒的，认为自己有机会。但是老先生从头到尾考虑的只有一个就是严先生，也就是说蒋公老早就看定可以接他班的就是严家淦。

当然，这只是一个傀儡般的接班人，蒋介石早已为其安排好了所有的路。

上任“行政院长”伊始，严家淦即提名蒋经国为“国防部副部长”。彼时的“国防部部长”俞大维与严家淦类似，素来平和低调，也不过问内部人事，加上与蒋经国为儿女亲家。1964 年 1 月，俞大维提出辞呈，请求辞去“国防部部长”职务，并向严家淦保荐蒋经国任此职务，将军权交回蒋家之手。俞在辞呈中列举了蒋经国历年来在军内的任职，称其“实是最理想的人选”。

严家淦担任“副总统”

在严家淦被选为“副总统”的3年之后，蒋经国出任“行政院副院长”，虽然名义上蒋经国是严家淦的副手，但是彼时的内阁实质上已经由蒋经国所主持，国民党内高层均将此称为蒋经国时代来临的开端，也有人戏称此时的严家淦，不过是庙堂里的神像。

1972年，严家淦进一步按照蒋介石的安排辞去“行政院长”职务，蒋介石亲自提名由蒋经国担任“行政院长”。

对于这一系列让人眼花缭乱的高层人事变动，也许没有人比彼时已经身处官场之外的张学良看得更清楚：“若‘老总统’突然一死，陈诚出来接班，非乱不可。后来，陈诚死了，选出严家淦，严家淦这个人很豪爽、很稳。严家淦当‘行政院长’，经国当‘行政院副院长’，严当‘副总统’，他当‘行政院长’。最有意思的还是上帝的安排。陈诚一死，‘老总统’病了好几年，就等于在教蒋经国，告诉他怎样治国，结果，蒋经国就把党、政、军都学会管理了。你明白吗，上帝给了他这几年机会，练了几年功夫。如果蒋先生突然死了，这个局面就不好维持。‘老总统’让经国先当了‘国防部长’，再当‘行政院长’，再当经济委员会主任。他这样做，一直到死，都教得差不多了，他才故去。所以我说这是上帝安排的。如果陈诚还在，那可怎么办？”

不管上帝是否真的参与其中，无论如何，蒋介石方是这场戏真正的导演，而严家淦则是他亲自选中，也最为放心的演员，因为他永远甘心当“B 角”。

1975 年 4 月，严家淦继蒋介石之后出任“总统”，他旋即领衔推举蒋经国出任国民党中央委员会主席暨中常会主席，这实际上是拱手将最高权力转移至蒋经国手中，这也是台湾的“蒋严体制”时期。

在严家淦担任“总统”的三年中，其任何重大决策决定，都与蒋经国密切协商。这个在蒋介石时期默默无闻的“副总统”，即使身处权力巅峰，依然默默无闻。1978 年 1 月 7 日，国民党中常会举行临时会议，严家淦建议向十一届二中全会提案，提名蒋经国为第六任“总统”候选人，一切都没有任何悬念。

蒋经国对严家淦也以礼相待，他甚至制定了“卸任总统礼遇条例”。

蒋经国与严家淦

根据此规定，卸任“总统”享有 7 项待遇责任：邀请参加“国家大典”；依现任“总统”月俸按月致送终身俸；供应房屋及其设备；供应交通工具；供应处理事务人员及事务费；供应保健医护；供应安全护卫。蒋经国甚至仍由严家淦主持党内若干重要会议，并就重大决策征询严的意见。与陈诚、阎锡山等国民党元老级人物失权后的冷清凄凉相比，严家淦无疑是比较幸运的那一个。

严隽泰曾回忆，在严家淦最终将“总统”之位交给蒋经国时，蒋经国曾不止一次前往严家，希望严家淦连任“总统”，不管是否出于真心，可以看出蒋经国对严家淦的尊重。严家淦的存在，改写了蒋介石直接传位于子的尴尬，而顺势而为，是严家淦的最聪明的选择。

最后的日子

虽然在党内极尽低调，严家淦却也有自己的舞台。1967 年，严家淦应美国总统的邀请访问美国，这是他担任“副总统”期间的正式访问。1970 年他更代表台湾在联合国大会发表演说，每一篇演讲稿都经过他的亲自修改，稿子上密密麻麻全是他的笔迹。那个时候他的中文文胆是岛内著名的写手张祖诒，因为严家淦要求严格，张祖诒曾经玩笑般地对前“监察院长”钱复表示，稿子写得太辛苦，有时候真想从“行政院”二楼跳下去。

从 1945 年抵达台湾直到最后卸任，严家淦共计出访 67 次，生性内敛的他在刚开始和人交谈时，总是有一点旁人很难注意到的口吃，但是

严家淦与蒋氏父子

只要 5 分钟一过，严家淦很快可以条理分明、口若悬河，遣词造句也均属一流。因为惯于低调，严家淦出访时一般只带一个警卫，即安全室主任李连庚，由于太过紧张，李连庚每次陪严家淦出访，都需要靠安眠药和镇定剂保证睡眠。

每逢假日，严家淦总是将时间留给家人，一台 8 毫米的摄影机，曾记录着严家大大小小的生活记忆。在镜头里流动的影像之外，严家淦还酷爱相机，早在年轻的时候，严家淦就是个摄影发烧友，总是自己进暗房冲洗照片。到了台湾后没有时间再自己冲洗，但是对相机的热爱依然如故。严家淦似乎对一些可以保存美好家庭印记的机器都充满兴趣，所以他在书房里放了一台录音机，即使是孩子们稚嫩的童声，也是严家淦保存的对象。

严家淦为家人拍照

晚年坐轮椅的严家淦

读过白先勇小说《台北人》的读者，对其中一篇《花桥荣记》一定印象深刻，小说里那家开在台北的饭馆，却挂上了与桂林花桥头老店同样的招牌。

有时候，食物成为思乡者最温暖的慰藉。严家淦家的饭桌上一直保有家乡的温度。

严隽泰说："我们家乡的粽子跟台湾本地的粽子做法不一样，所以年轻时候，每逢端午的时候，妈妈还会做粽子，很好吃。尤其是有一种糕，我们叫蛋凤糕，那也是台湾没有的，我妈妈，都是要亲自做。过年的时候也有好多种吃的东西，也是这里本地没有的，都是妈妈亲自来做好了给我们大家吃。"

退休之后，严家淦每天仍在官邸附近的大同之家[①]上班。1986 年，82 岁的严家淦虽然仍经常参与"总统府"的事务，却已经出现轻微的中

① 大同之家，位于台湾省台北市重庆南路，为严家淦接待外宾的处所。

风现象，秘书们发现他在开会的时候身体慢慢倾斜，而讲话也日益木讷。严家淦的最后岁月，都是在荣民医院度过，妻子刘期纯始终陪伴身边，悉心照顾。在纷繁芜杂的政治生涯中，妻子始终是严家淦最贴近的心灵伴侣，在出访频繁的时代，他给早已不年轻的妻子写下依然动人的信件：“期纯吾爱，于 12 日下午 1 时半抵东京。期纯吾爱，昨天飞西雅图，一路对你和家中儿女非常想念。静波手启。”

在官邸的某个角落，是严家淦和妻子喝下午茶的地方，卧室的两张沙发则陪伴他们度过无数谈心的夜晚。对数十年处在旋涡中的严家淦而言，这里才是他真正休憩、享受人生的地方。

如今在台湾，已经很少有人知晓曾经有个叫严家淦的“总统”了，他在重庆南路和爱国西路交会处的官邸已经破败不堪，又因为是危房，也不允许参观，只有门口三三两两身着便衣的宪兵提示着人们，这里不是寻常百姓之家。